O Coração da Música
VIDA E OBRA DOS GRANDES MESTRES
Händel / Mozart / Beethoven / Brahms / Wagner

SÉRIE BÁSICA

PAUL TREIN
O CORAÇÃO DA MÚSICA

VIDA E OBRA DOS GRANDES MESTRES
Händel / Mozart / Beethoven / Brahms / Wagner

1ª edição / Porto Alegre/RS / 2018

Capa e projeto gráfico: Marco Cena
Revisão: J. H. Dacanal
Coordenação editorial: Maitê Cena
Produção editorial: Bianca Diniz e Jorge Meura
Assessoramento gráfico: André Luis Alt

Dados Internacionais de Catalogação na Publicação (CIP)

P787c Trein, Paul
        O coração da música. / Paul Trein. – Porto Alegre: BesouroBox,
   2018.
        144 p. ; 12,5 x 18,5 cm
        ISBN: 978-85-5527-066-6

        1. Música - história. 2. Música clássica. 3. Ópera. I. Título.

CDU 78.03(091)

Bibliotecária responsável Kátia Rosi Possobon CRB10/1782

Direitos de Publicação: © 2018 Edições BesouroBox Ltda.
Copyright © Paul Trein, 2018.

Todos os direitos desta edição reservados a
Edições BesouroBox Ltda.
Rua Brito Peixoto, 224 - CEP: 91030-400
Passo D'Areia - Porto Alegre - RS
Fone: (51) 3337.5620
www.besourobox.com.br

Impresso no Brasil / Abril de 2018

Este livro é dedicado a Fernando Aluir Klein.

SUMÁRIO

O BARROCO, A ÓPERA BARROCA E OS COMPOSITORES
Georg Friedrich Händel 9

O CORAÇÃO DA MÚSICA
Wolfgang Amadeus Mozart 37

A VIDA E A MENSAGEM DE UM GRANDE MESTRE
"A MÚSICA É UMA REVELAÇÃO MAIS ALTA DO QUE A FILOSOFIA."
Ludwig van Beethoven 63

AS IDEIAS PONDERADAS DE UM ROMÂNTICO
Johannes Brahms 93

DÚVIDAS, DÍVIDAS, VIAGENS, VIVÊNCIAS E O FANTÁSTICO DRAMA MUSICAL ROMÂNTICO
"NÃO ESCREVO MAIS SINFONIAS."
Richard Wagner 111

A palavra *barroco* significa um penedo informe. É também o nome de uma pérola de forma irregular. Por incrível que pareça, esse termo foi usado nas artes plásticas para designar um estilo novo que sucedia ao período final da Renascença, por volta de 1600. A palavra parece ter realmente origem portuguesa, como dizem os etimologistas. Penetrou no italiano, fez o caminho de volta da língua latina, que antes partira da península itálica em direção à ibérica: agora chamava-se *barocco*. Depois seguiu para a França como *baroque* e para a Alemanha como *Barock*.

Era um termo depreciativo e significava exatamente a forma da pérola irregular: algo meio torto, estranho, diferente do que se conhecia, dramático, patético, carregado. O termo pejorativo e depreciativo ficou na história para designar o estilo que aparecia como nova corrente artística, em seus princípios incompreendido por muitos. Foi sendo introduzida então também na poesia e na música e chegou a ser, enfim, a designação de toda uma grande época.

O estilo de vida que se designa por esta palavra durou mais ou menos até 1750. É evidente que isto é uma generalização pouco apropriada para descrever as sutilezas dos eventos. Mas encontramos nesse século e meio uma quantidade e qualidade de manifestações artísticas muito típicas, que são características da vida dos homens. Refletem, muito mais do que sua maneira de considerar os assuntos quotidianos, sua visão elevada da filosofia de vida.

Os caminhos da arte, como os da história, são bastante tortuosos e não apresentam nada de linear e de geométrica continuidade. Os estilos da música, uma arte bastante especial, são tão singulares que determinam em cada caso uma maneira de ser de uma época, das pessoas, de grupos, de toda uma sociedade. É um espírito de vida que nasce de um sentimento como ideia, desenvolve-se como uma semente, cresce e envelhece, chega enfim à decadência natural e à morte, sendo substituido por outro com as mesmas fases de surgimento e desaparecimento que o anterior. E com uma chegada inesperada e por isto incompreendida a princípio... Este é o mecanismo dos organismos culturais, em que cada estilo é como um capítulo de um livro.

O teatro é uma representação cênica condensada em obras cujo conteúdo pode ter pouco ou muito de realidade, pouco ou muito de fantasia. A questão é sempre saber o que é a realidade e o que é a fantasia. Raramente a aparência é a realidade. A essência é invisível aos olhos e está, por assim dizer, detrás das coisas que vemos.

A *ópera* é o teatro musical e surge nesse conglomerado que podemos denominar de *cultura ocidental* somente com o barroco, portanto bastante tarde. Pois enquanto que a nossa música desperta a partir do canto gregoriano, por volta do ano 600, o gênero musical que chamamos de *ópera* surge em 1597, no fim do século XVI. Considerando-se toda a história da música até hoje, já haviam passado então três quartas partes de seu desenvolvimento.

De certa maneira, no entanto, a origem da ópera foi devida a um engano. A intenção dos criadores italianos do *dramma per mùsica*, como se denominava a nova forma artística, era a de levar ao palco a tragédia grega antiga em sua concepção mais original. No princípio, ela desprendeu-se de tais propósitos só com muita hesitação. Aos poucos, contudo, a ideia fixa do começo foi abandonada de todo. Voltou enfim mais tarde, mas de outra maneira, como um grande final de uma ideia do teatro com música.

A ópera dominava o ambiente na época barroca. Inclusive o pai do famoso astrônomo Galileo Galilei, Vincenzo Galilei, esteve comprometido nesse movimento e publicou um trabalho intitulado *Dialogo della musica antica e moderna*, no qual insistia em que a tragédia grega deveria ser baseada em recitativos. Teve influência no desenvolvimento que levou, três anos após sua morte, em 1597, à apresentação da primeira ópera em todo o mundo. Era a *première* das *premières*, a estreia das estreias.

O que veio a seguir foi uma verdadeira epidemia. As mulheres eram proibidas de atuar no palco. Mas era necessário ter uma sólida substituição das vozes femininas, já por motivos puramente musicais: faltavam os registros agudos. Assim foi aberto a princípio o campo para os cantores castrados, em geral filhos considerados supérfluos, em famílias de pobres, que faziam carreiras estupendas com suas vozes como hoje os jogadores profissionais de futebol com suas pernas. Foram os especialistas que protagonizavam o *bel canto*. A introdução de mulheres como cantoras em óperas foi mais tarde uma verdadeira sensação. Mas também viu-se nessa nova prática uma provocação: as mulheres como um ressurgimento de reencarnações diabólicas, segundo as concepções advindas de setores obscuros do passado medieval.

Como a ópera tinha em seu princípio um acento muito mais teatral que musical, é evidente que a parte cênica merecia quase maior atenção que a sonora. As decorações possuiam extrema fantasia e eram estimados, em especial, os efeitos e os recursos técnicos. Estes impressionariam qualquer conhecedor de ópera de nossos dias, por sua audácia. Tratava-se de uma época que parecia estar obcecada pelas invenções mecânicas, como hoje pelas eletrônicas. Os mecanismos empregados nas óperas não foram inventados original e exclusivamente para esse fim, é claro, mas eram uma atração por si mesmos.

Não podemos mais imaginar o que deveriam haver sido essas imagens de deuses gregos voando de um lado para outro no espaço do cenário ou pelejando em pesadas carruagens. O mundo diabólico se manifestava desde abaixo, como sempre, com cores bizarras e fogos, enquanto que a quantidade de animais que desfilavam, como cavalos, búfalos, elefantes e camelos, teria produzido facilmente a inveja de qualquer circo moderno. Os céus eram iluminados pelo sol, pela lua, por estrelas e por cometas coloridos.

Lorenzo Bernini, o mestre de todas essas artes arquitetônicas, apresentou em certa ocasião uma imagem cênica do Castel Sant'Angelo de Roma, com o Rio Tibre à sua frente, com água verdadeira, canoas e gente dentro. Um acidente rompeu o dique que separava a corrente de água do publico, as ondas irromperam com violência contra a assistência e houve uma fuga em pânico. Mas o arquiteto do espetáculo havia planejado tudo da melhor forma que se possa imaginar: o fluxo de águas parou ainda antes da primeira fila...

Em outra oportunidade, havia um brilhante cortejo carnavalesco sobre o palco, encabeçado por mascarados com tochas ardendo; uma parte das decorações prendeu fogo e o pânico dos espectadores generalizou-se. Mas foi necessário apenas um sinal do mestre de cerimônias teatrais para que imediatamente se apagassem as chamas e aparecesse uma idílica paisagem verde em que, por sinal, um burro pastava calmamente.

Não era de estranhar, portanto, que os músicos de todas as partes afluissem em direção à Itália, o berço da ópera, para aprender o novo gênero artístico. Ou então ocorria também o inverso: os músicos italianos dirigiam-se a outras regiões, a fim de divulgar o material que dominavam melhor que todos os demais, pois o conheciam da fonte. Um dos que partiu para o estrangeiro foi Giovanni Battista Lulli, cujo nome transformou-se em Jean Baptiste Lully. Já sabemos, assim, para onde se dirigiu.

Nasceu em Florença e dirigiu-se a Paris apenas como ajudante de cozinha, mas já cedo chamou a atenção de muitos por sua musicalidade. Conseguiu realizar uma das mais impressionantes carreiras que se pode imaginar: entrou no grupo dos exclusivos vinte e quatro violinistas do Rei Luis XIV, mais tarde ascendeu a chefe de orquestra e, por fim, era o compositor oficial da corte de Versalhes, do Rei Sol.

Dominava, por um lado, o ofício musical e, por outro, o de saber conquistar, a cada momento e diante de cada decisão, as graças do famoso monarca. Assim é que teve a direção de uma orquestra própria, que era uma espécie de conjunto de especialistas. Seu objetivo era o entretenimento de toda a corte, nos momentos mais importantes e festivos como nos mais triviais e rotineiros. Sua figura desempenhava um papel de relevo em tal função representativa. Lully contribuía para o brilho que emanava da corte desse grande rei.

A atividade de Lully era incessante. Procurava apresentar a música especialmente para o bailado real com a maior das assiduidades, além de que, uma vez por ano, apresentava uma ópera nova. Não foi fácil introduzir a ópera, esse gênero que abundava somente na Itália. Muito tato e cuidado foram empregados, a fim de que ninguém pudesse por em perigo sua carreira, que culminou em posto idêntico a um verdadeiro monarca musical. Ao poder absolutista do rei correspondia o seu poder absolutista no reinado da música. Qualquer atitude sua que não agradasse ao monarca poderia custar-lhe a posição. As intrigas não eram poucas e nisto Lully desempenhou-se igualmente como grande mestre. Inclusive Molière, o profundo conhecedor do ser humano e um dos expoentes máximos do teatro francês, esteve em conflito com o músico. Este encomendava de Molière seus textos de óperas, mas fazia exigências para que correspondesse a suas próprias normas.

Compreenda-se que não era possível na França a introdução sem mais nem menos de um gênero estrangeiro, primeiro já pelas simples rivalidades políticas da época, depois pelo dramatismo e sentimentalismo italianos que não eram aceitos em Paris, muito menos ainda pelo uso dos cantores castrados. Enfim, era uma questão de adaptação a outra mentalidade.

Desta forma, Lully introduziu os famosos bailados em suas óperas, os *ballets*. Dançava também o rei, como se sabe. Por tais bailados não devemos entender um grupo moderno de dança clássica, mas uma espécie de pantomima com dança, realmente algo muito teatral e estático, mas onde o termo *graça* ainda deveria ter tido sentido. Houve o *ballet de nuit* – estávamos justo na metade do século XVII –, o Rei Luis XIV apresentando-se como uma figura majestosa com raios dourados em torno de sua cabeça, simbolizando o sol e o poder absoluto, o que parece ter sido o motivo original para sua denominação posterior de *roi soleil*. A decoração de um portal do jardim do palácio simbolizava igualmente a alegoria da imagem real e foi visto assim também pelo povo comum, que estava fora e não podia concorrer aos espetáculos reais.

De fato, o rei atuou como dançarino até seus 32 anos de idade. Ao lado do *ballet*, Lully criou novidades de importância histórica como a *ouverture*, uma peça introdutória em que os ouvintes deviam ser preparados para o espírito da ópera que se seguia. Lully soube encontrar o que se desejava ouvir, por seu conhecimento profundo do gosto e das debilidades francesas da época. A clareza de sua concepção artística influenciou a música francesa de uma forma duradoura.

Mas a revolução de 1789 terminou com toda a música dos palácios e, por muito tempo, com qualquer tipo de música naquele país. Um movimento musical que se classifica hoje como o verdadeiramente clássico dentro de nossa música, como houve em Viena no fim do século XVIII, nem chegou a existir na França.

O fim de Jean Baptiste Lully é bizarro e digno do ar patético e tragicômico de muitos aspectos históricos, quando vistos com a distância e a perspectiva dos tempos posteriores. O absolutista musical Lully dirige a orquestra não como hoje conhecemos, com uma pequena varinha chamada *batuta*, utilizada pelos chefes de orquestra (regentes), mas com o antigo bastão. Por sinal, seus movimentos de marcação dos tempos dos compassos serviram de base para a técnica de condução de grupos musicais até o dia de hoje. Com o tempo, o bastão foi reduzido em seu tamanho, enquanto que a subtileza técnica da regência aumentava na proporção inversa.

Mas Lully usava um bastão de uma dimensão adequada à sua função na corte do Rei-Sol. Com esse mesmo bastão, que batia contra o chão, acertou um dia seu próprio pé. Foi a causa de sua morte, pela embolia produzida.

Depois que se perderam as esperanças de salvá-lo, veio o sacerdote, que ainda pediu-lhe um pequeno sacrifício em troca da salvação de sua alma: Lully teria concordado em queimar sua última obra. Recebeu então as últimas bênçãos. Depois, um colega teria perguntado ao mestre porque o fizera, sabendo o valor que tinham suas criações. "Não se preocupe, meu amigo, existe uma cópia..." teriam sido as palavras ditas pelo moribundo Lully, características de toda uma maneira de atuar.

A ópera italiana viria a conquistar toda a Europa e também as colônias. Assim foi criada a ópera italiana em Lisboa e a do Rio de Janeiro, por exemplo. Algumas mantiveram até hoje o seu caráter. Em alguns países, no entanto, apareceram correntes nacionalistas que diminuíram a supremacia da ópera italiana ou chegaram a predominar sobre ela. Há desta forma a ópera francesa, a alemã, a russa, que são mundos diferentes entre si e inconfundíveis em seus estilos.

A música alemã, por sinal, recebeu sempre impulsos fortes a partir dos mecenas, que eram os governantes nobres, e menos de parte de um público mais amplo, como era o caso na Itália. Surgiu com isto o acento em um tipo de música para pequenos grupos de instrumentos, cujas combinações devem ter espaço dentro de um quarto, a *camera*. É esta a chamada *música de câmara*, música em princípio apenas para pequenos círculos que a sabem valorizar por sua própria cultura. É por isto que a música de câmara tem sido em muitos casos de elevadíssima qualidade técnica e artística e de incomparável valor musical.

Por outro lado, na Alemanha, também existe a forte influência religiosa na música, mas de parte do Protestantismo, que veio com a Reforma luterana. Especialmente a região onde surgiu tal movimento, a Saxônia, ofereceu um ambiente muito propício ao cultivo de música sacra. Hoje, quando nos referimos a mestres alemães do Barroco, despontam dois entre diversos nomes menores, como sendo o sumo da personalidade barroca germânica. São dois gigantes que foram muitas vezes comparados, justamente por sua grande diversidade de caráter, de tipo de vida, de carreira e, em consequência, pelo gênero distinto de música que produziram: Bach e Händel.

Johann Sebastian Bach é o exemplo da elevação espiritual dentro da música sacra. É certo que nesse gênero estão suas obras essenciais. Foi simplesmente uma exigência de sua atividade quotidiana, a de *Kantor*, que na Alemanha ainda hoje é o nome do organista e dirigente da música dentro da igreja, que está sempre presente, em todos os cultos. As grandes Paixões segundo os Evangelistas São João e São Mateus são dois pilares dessa produção. Cada uma das Paixões contém uma série de peças, partes orquestrais, coros, árias e recitativos de beleza profunda. Conhecemos as monumentais obras para órgão. Há inúmeras *cantatas* para algum solista, coro e orquestra, porque para cada domingo tinha ele que compor uma cantata, como por obrigação de contrato, durante longo período.

Mas possui também grande importância a música profana de Bach, como suas composições para cravo, o antecessor do piano. Conhecemos ainda os concertos de Brandenburgo, por exemplo, em que Bach se dedicou a uma forma vinda da Itália, o *concerto grosso*. Trata-se do concerto para um grupo de vários solistas, o *concertino*, e a orquestra como acompanhamento, o *ripieno* (=recheio).

Bach quase não viajou, mas foi ampla sua curiosidade pelo que ocorria no mundo musical e, com isto, pelas novas correntes de seu tempo. O estudo muito detalhado que fez das composições do veneziano Antonio

Vivaldi, por exemplo, provam esse interesse. Ocupou-se das obras desse e de outros músicos italianos de uma maneira singular e, quem sabe, talvez a melhor de todas para aprender algo de outros: copiou as obras, ou melhor, transformou os concertos de Vivaldi em peças para cravo e para órgão.

Aliás, este instrumento estava no centro de seu trabalho, dentro da igreja, de modo que muitas composições eram destinadas simplesmente ao *Klavier*, que hoje, em alemão, significa piano, mas que em sua época denominava qualquer instrumento de teclado.

Vivaldi, por sua vez, está entre os que deram impulso enorme à música instrumental, portanto não ligada ao canto. Desenvolveu a forma de concerto de violino que ficou sendo um modelo de importância histórica. Vivaldi foi sacerdote católico e era denominado *il prete rosso*, por seus cabelos ruivos. Foi um músico genial e, apesar disto, esquecido por seu tempo e só "ressuscitado" muito depois. Esse padre e compositor morreu longe de casa, em Viena, totalmente empobrecido. Em seus anos de forte atividade, em Veneza, era de uma dedicação quase divina à música, que lhe importava mais do que a rotina eclesiástica: teria interrompido uma missa que celebrava para anotar uma inspiração musical que não queria perder. Hoje, ao passear por Veneza, podemos ainda visitar a igreja na qual trabalhava.

A música italiana não teve influência tão grande em Bach no que tange a seu estilo, em que pese sua paciente ocupação com a mesma. Já mais aberto a tais influências foi seu contemporâneo *Georg Friedrich Händel*, que nasceu não muito distante de Bach, em Halle, na Saxônia, no dia 23 de fevereiro de 1685, quer dizer, no mesmo ano que Bach, só um mês antes. Morreu em Londres poucos anos depois do grande colega, na metade do século seguinte, quando terminava o Barroco em definitivo.

O que para Bach era uma necessidade e condição de trabalho, a tranquilidade dos recintos fechados, como em um mosteiro, a dedicação profunda ao ofício, com paciência e fantasia advinda de seu interior, era para Händel uma espécie de prisão. Estamos acostumados a ver na música sacra barroca um ambiente austero, algo como música sempre triste, de igrejas escuras, com as sombras da morte aproximando-se de todos os pecadores. É um lamentável preconceito que vem de toda a separação dogmática e acadêmica entre música sacra e profana, um problema já do princípio do desenvolvimento da música e que encontra paralelos também em outras artes.

Entre os compositores barrocos, porém, constatamos sempre uma ação positiva, uma posição ativa, não tanto contemplativa e muito menos pessimista. Em especial os protestantes, influenciados pelo espírito robusto de Lutero, não tinham motivo algum para encobrir a nova fonte de fé que encontravam. No fundo, tratava-se mais de um movimento de verdadeira reforma básica dentro da Igreja já existente e muito menos da criação de um movimento de separatismo ou quiçá de uma nova Igreja. Foi a política que se encarregou desse aspecto, no qual ninguém pensava a princípio.

Assim, as obras de Bach devem ser comprendidas como dirigidas a nosso mundo e não a outro, ou seja, um exemplo de atitude positiva do homem frente a sua comprensão religiosa. Não nos devem assustar tampouco os títulos às vezes tenebrosos de certas cantatas de Bach, impossíveis de imaginar-se em obras do prático Händel, mas que são assim porque foram extraidos de corais que começam com tais palavras: *Alma, não te irrites*, *O céu ri*, *Suprema desejada festa de alegria*, *O fogo eterno*, *Doce consolo*, *Que devo fazer de ti?*, bem como os sombrios *Estou com um pé na sepultura* e *Vem, doce hora da morte*. É a fé barroca, forte, clara, dura e implacável, com a cabeça olhando para os céus, mas os pés firmes sobre a terra.

Sobre Händel houve uma tenaz influência do pai, que queria impedi-lo de dedicar-se à música. Bach, por seu turno, era de uma verdadeira dinastia de músicos: quatro de seus vinte filhos – de duas esposas – seguiram essa trajetória e, ainda, com notável importância dentro da história da música. Händel suportou todas as peripécias dos estudos escolares e universitários a que fora obrigado, apesar de que desde criança fosse saliente sua musicalidade e habilidade como executante. A mãe e a tia protegiam o menino Georg Friedrich e organizaram uma espécie de *complot* familiar contra o pai, inclusive dando de presente ao filho e sobrinho um clavicórdio, pequeno instrumento de teclado semelhante ao cravo, que foi escondido no sótão, onde a criança podia tocar despreocupada.

Por outro lado, não é de todo incompresível a forma de atuar do progenitor, tendo em vista sua própria carreira. Era barbeiro e ascendeu a cirurgião, inclusive com funções oficiais. Uma rara combinação de ofícios, como vemos, que existia naquela época. Teve uma certa fama. Dizia-se que em 1692 era conhecido em toda sua região por ter tratado com êxito um homem que havia engolido uma faca. Chegando a uma posição de elevado nível dentro da burguesia da cidade de Halle, desejava para o seu filho uma plataforma melhor de começo do que tivera ele mesmo. É a atitude de todos os pedagogos. Parece evidente que a forte inclinação à música do filho, já mais do que uma simples atividade lúdica, era um fator preocupante para o pai.

Enfim, a arte de Georg Friedrich Händel no órgão convenceu inclusive o máximo mandatário do lugar, o duque Johann Adolf, que, além de decidir-se a proteger o jovem talento, aproveitou para realizar uma lavagem cerebral no velho Händel por sua atitude reprovadora.

Com esse apoio, Georg Friedrich recebeu a formação oficial em música ao lado dos estudos escolares. Em sua escola secundária as artes e muito especialmente a música estavam compreendidas entre as matérias de sério e obrigatório estudo. Eram outras épocas, realmente. Esse fato veio em benefício do jovem, que, com menos de 17 anos, já concluira essa fase escolar. Conseguiu então um emprego na catedral de sua cidade natal, porque o organista anterior, que já não gozava das graças dos mandatários, por sua conduta nada convencional, acabou fugindo e levando consigo material musical, como salmos, a fim de vendê-lo. E "transformá-lo em vinho", como se expressam sem dó os que contam este episódio.

Händel teve que reunir material para atender às exigências musicais dos cultos religiosos. Isto deu-lhe o conhecimento específico do repertório da época, e também muita prática. O que ele realizava já nessa época não pode ter sido tão insignificante, apesar dos historiadores quase nem mencionarem os seus tempos de Halle, em vista da importância do que veio depois. O compositor Georg Philipp Telemann, que nessa época tinha idênticas reivindicações, para poder dedicar-se integralmente à música, também em oposição ao pai, refere-se mais tarde ao "naquela época já importante Händel". Telemann foi depois um dos compositores mais famosos daqueles tempos, em terras alemãs, tendo produzido uma quantidade enorme de obras.

Mas Händel não ficou mais do que um ano nessa função de organista. A dedicação universitária à jurisprudência, ainda um resíduo da influência paterna, encerrou-se por fim com sua partida para Hamburgo, em 1703.

Esta cidade hanseática havia sido beneficiada por sua posição especial durante a Guerra dos Trinta Anos, que acabara em 1648 com o tratado de paz firmado em Münster, a chamada *Paz da Vestfália*. O episódio bélico, em que as terras alemãs foram devastadas por serem o cenário de lutas entre as grandes potências europeias de então, não só poupou sofrimentos à cidade de Hamburgo como fez refugiar-se aí uma série de influentes personalidades, em especial da vida econômica. A importância como mercado internacional, que Antuérpia perdera, veio em benefício de Hamburgo. Assim, muitos comerciantes abastados dos Países Baixos transferiram-se para Hamburgo.

A música fazia parte das atividades importantes que enriqueciam a qualidade de vida nesse ambiente, de forma que era um centro em que Händel podia prosseguir em seus estudos musicais e trabalhos práticos. Naquela época, diga-se também, não passava pela cabeça de nenhum artista criador concluir sua formação profissional em qualquer escola para descansar o resto da vida em algum emprego. Havia que viajar para aprender e conhecer. O caso de Bach é bastante excepcional. Seus filhos não seguiram seu exemplo e se espalharam pelo mundo.

É verdade que o espírito de Georg Friedrich Händel foi bem outro, muito inquieto e inclinado à vivacidade dentro do trabalho musical. O desempenho da composição era evidente, mas havia que apresentar as próprias obras pessoalmente ou reunir as pessoas que apresentassem as suas músicas. Com a criação de um importante teatro de ópera em Hamburgo no ano de 1678, surgira a oportunidade em um setor muito novo e moderno. Nem todas as perspectivas desse empreendimento teatral foram exitosas. A primeira ópera aí apresentada, de um compositor chamado Theil, era intitulada *O homem criado, caído e restabelecido*. Eram as óperas no estilo que já se conhecia da Itália, com grandes decorações, cenas de técnica complicada e expressão patética. A ópera era um empreendimento singular dentro das atividades sociais.

Händel atuou a princípio como segundo violino da orquestra, mas não demorou muito para chegar a compor para a ópera. Sua amizade com Johann Matheson foi importante e nela não faltam aspectos cômicos, que por sua vez caracterizam o ambiente local. Matheson era um talento genial e de uma impressionante versatilidade. Tocava quase todos os instrumentos da orquestra, cantava e falava diversas línguas. Mas sua extrema vaidade o levava a complicações frequentes. Um delas incluiu o pobre Händel.

Em sua ópera *Cleópatra*, Matheson cantava nada menos que a parte do herói principal Marco Antônio. Mas, como este morria mais ou menos meia-hora antes do fim da ópera, ele não queria deixar de seguir em exibição e costumava dirigir-se à frente para conduzir a orquestra até o fim do espetáculo, perfeitamente visível ao público. Händel, que era o regente musical da ópera até esse momento, tinha que ceder-lhe o lugar de liderança, o que um belo dia lhe pareceu por demais ridículo: permaneceu em seu posto e seguiu regendo. Matheson, o ressuscitado, ficou incomodamente postado a seu lado. Esta cena divertiu o público, que seguia também este aspecto do espetáculo.

Não ficou nisto a questão, pois Matheson descontrolou-se e esbofeteou o colega Händel. Seguiu-se uma clássica cena de duelo em que imediatamente os sabres apareceram na luta. Händel teria atingido um botão de metal de seu rival e que foi a "única coisa que o salvou", segundo Matheson. Mas Händel acabou sendo o herói, rompeu a arma adversária em dois pedaços e finalizou assim a desavença. No outro dia, já voltavam a atuar juntos.

Das três óperas que Händel compôs em Hamburgo, *Almira* teve maior êxito, apesar de ser a primeira. Reinhard Keiser, diretor musical da Ópera, chegou a compor uma ópera própria sobre o mesmo texto, a fim de sobrepujar o êxito de Händel, mas não atingiu seu objetivo. Nada menos que 120 óperas teria escrito este músico, das quais 30 se conservam hoje em dia, mas só em museus. Todo o seu empreendimento falhou, apesar da imponência das apresentações ou justamente por esse motivo, porque levaram a Ópera à falência. Keiser teve que empreender mais uma das diversas fugas que ocorreram em sua vida.

Händel dirigiu-se então à Itália. Fez sua viagem sem avisar os demais. Esteve em Roma, Nápoles, Florença e Veneza. Conheceu sumidades musicais como Scarlatti e Corelli; sua ópera *Arcádia* conseguiu êxito considerável em Florença. Tentaram convertê-lo ao Catolicismo, mas sem resultado. Com o ambiente propício que lá encontrava, Händel ocupou-se também de artes plásticas e foi colecionador de quadros. Em

1709 emprendeu a viagem de retorno a terras alemãs. Passou por sua cidade natal, Halle, chegou a Düsseldorf e, antes de assumir um cargo que lhe fora prometido em Hannover, dirigiu-se a Londres. Aí apresentou sua ópera *Rinaldo*, com um tal êxito que o contato com esse novo território acabou sendo decisivo para o resto de sua vida e também para a própria história da música na Inglaterra.

A Ópera de Londres era o fator que exercia a principal atração sobre o compositor saxão, de tal forma que a partir de então seguiu sempre vivendo na Grã-Bretanha. Teve que viajar de vez em quando a Hannover, a fim de cumprir os compromissos lá assumidos, sem grande interesse, diga-se de passagem. Como se pode imaginar, sua atitude não encontrou compreensão na capital da Baixa Saxônia. Em Londres, por outro lado, viria a compor pelo menos uma ópera por ano. Até 1741 foi um total de 46 óperas.

A Corte inglesa o incumbiu de compor um *Te Deum* para as solenidades do acordo de paz de Utrecht, que em 1713 dava fim à guerra da sucessão espanhola. O tributo foi generoso: 200 libras esterlinas por ano como salário vitalício, de forma que Händel ficou em condições de romper seus vínculos com Hannover. Mas não foi tão fácil assim: ele não foi a Hannover, mas o destino quiz que Hannover fosse a Londres, por assim dizer, porque o Rei Jorge I de Hannover ocupou o trono britânico depois da morte da Rainha Anna, em agosto de 1717. Este fato poderia haver significado o fim de Händel junto à Corte de Londres, se não houvesse uma chance de reconciliação com o rei, aborrecido por sua atitude anterior.

Por canais diplomáticos, o compositor soube descobrir a fórmula mágica para cair de novo nas boas graças do soberano e para ganhar sua confiança. Deveria compor uma espécie de serenata como surpresa e executá-la durante o previsto passeio do rei sobre o Rio Tâmisa. Este plano foi concretizado e assim a posteridade desfruta de uma das obras mais características do Barroco, que é a suite *Música Aquática*, composta pelo mestre para tal ocasião. É duvidoso, no entanto, se houve o êxito pessoal que Händel tencionava conquistar com essa música.

Certo é que em 1720 foi fundada a *Royal Academy of Music* com um capital de 50 mil libras esterlinas. Händel, que na Itália se chamava *Hendel* e na Inglaterra *Handel*, foi nomeado um dos diretores dessa instituição, cujo objetivo central era realizar transações com a ópera italiana. Viajou por terras alemãs com a intenção de recrutar cantores, ocasião em que sua tentativa de entrar em contato com Bach não teve êxito. O começo do empreendimento foi brilhante. *Julius Caesar* significa nessa época o ponto alto da criação de Händel e é uma de suas poucas óperas que ainda se pode escutar e ver hoje em dia em alguma parte.

Com o tempo, porém, o êxito comercial da instituição operística londrina ficou aquém do desejado. Para comprender o grau de dificuldades que existiam em meio a uma infinidade de intrigas nesse ambiente, é necessário conhecer o ponto a que havia chegado a ópera italiana, que era a que se praticava. Depois do princípio tão sério ligado à tragédia grega, sem mulheres no palco, existia agora outro desenvolvimento, em que se observava a disputa entre as cantoras pelo lugar mais brilhante, cuja aparição em cena cheia de divismo patético em nada ficava devendo ao que ainda hoje se conhece, inclusive com homens que cantam. Durante séculos, a *primadonna assoluta* tem sido o objeto da mais apaixonada projeção de sentimentos, sonhos e veneração por parte das multidões.

Não existia praticamente nenhuma cantora que não estivesse envolvida em escândalos, justamente porque a sociedade, extremamente pudibunda, gerava e cultivava o ambiente em que se moviam. Assim, houve em Londres em 1727 um escândalo que ultrapassou tudo aquilo que se conhecia no gênero até então. Duas cantoras italianas, Faustina Bordoni e Francesca Cuzzoni, que reuniam as condições de primadonas mais típicas que se pode imaginar, conseguiram polarizar as opiniões do público.

As ovações em relação às duas rivais não ficaram em manifestações mais ou menos civilizadas. A violenta histeria da multidão cresceu cada vez mais e houve então uma espécie de *finale* na luta pela supremacia. Durante uma apresentação, os grupos de adeptos de uma, por seus gritos, assobios e uivados, impediam o canto da outra. Os dois temperamentos vulcânicos perderam o controle sobre o palco, porque alguém havia tido a ideia magnífica de juntar as duas estrelas na mesma ópera. Elas avançaram como fúrias desatadas uma sobre a outra, com mordidas, arranhões e perucas desmontadas, tudo isto com a ativa participação do público, quase como em uma tourada ou luta de gladiadores. Enfim, terminou a batalha em um nada de efeito artístico, com duas cantoras retirando-se aos soluços do palco e um público divertindo-se, exaltando-se e reagindo como em um moderno espetáculo de massas.

Aos poucos a ópera perdeu também seu prestígio em Londres. O público preferiu a menos patética e mais satírica *Beggar's opera*, a "ópera dos mendigos". Händel ainda tentou um empreendimento operístico particular e viajou para o continente, onde outra vez sua tentativa de contato com Bach não pôde ser coroada de êxito. Esse encontro teria sido desejado pelos historiadores de música de hoje como uma espécie de encontro de duas galáxias.

Desde 1737 Händel dedicava-se a *oratórios*. Os oratórios não podem ser considerados como música sacra específica, por não terem nenhuma ligação com a liturgia. Os temas são bíblicos, mas é uma visão poética, no texto e na música, às vezes ainda com considerável carga dramática. Alguns desses oratórios de Händel são apresentados ainda hoje, com rara frequência, como *Samson*, *Israel no Egito*, *Saul* ou *Judas Maccabeus*.

Em novembro de 1741, Händel viajou a Dublin, onde foi acolhido com grande generosidade e simpatia, que são até hoje as características do povo irlandês. A sociedade de concertos local realizava apresentações para fins caritativos, o que contou com total apoio do sempre generoso compositor. Ele refere-se, em carta posterior, ao bondoso tratamento de que fora alvo e do agradável contato que teve com os habitantes "dessa nobre nação". Seu grande concerto com fins caritativos revelou-se como um grande presente também para todos nós: estreiou *O Messias*, sua grandiosa criação que persiste hoje como um monumento entre os oratórios. O efeito do "Halleluia", o coro majestoso que encerra a segunda parte, é música que parece vir diretamente de canais celestiais, de céus barrocos, entenda-se.

Referindo-se à generosidade de Händel, que não foi pequena, recordamos que uma instituição britânica de assistência aos músicos, ao solicitar ajuda, refere-se ainda hoje à atitude altruísta do compositor em relação a essa antiga entidade.

A apresentação de *O Messias* em Dublin contou com a presença do vice-rei, do arcebispo, dos principais membros do *Trinity College* e, enfim, de todos que possuíam alguma importância social ou interesse pela música. Reuniram-se os coros da *St. Patrick's Cathedral* e da *Christ's Church*. Era o dia 13 de abril de 1742.

Terminava aos poucos toda uma era. Os impulsos dados por Händel, que nem de longe em sua vida recebeu o devido reconhecimento e apoio que houvera merecido, fundaram uma verdadeira tradição na Grã-Bretanha. Hoje em dia, Händel é considerado praticamente como um compositor inglês – pelos ingleses, naturalmente. Em parte têm razão os que assim o fazem, porque esse alemão saxão foi um baluarte dentro da arte daquela nação. Mas essa questão, realmente, não tem nenhuma importância musical.

Em 1749 compôs Händel outra obra comemorativa, uma música para acompanhar as festividades da assinatura do Tratado de Aquisgrana (hoje Aachen, na Alemanha), que deu fim à guerra de sucessão austríaca. Foi um espetáculo que só pode ser comprendido em sua magnitude com o conhecimento do espírito teatral barroco e também do britânico. Ficou no título a pompa do nome: *Royal firework music*, a "música real de fogos de artifício".

Nos últimos seis anos de sua vida, Georg Friedrich Händel ficou cego. Não deixou por isto de trabalhar e ele mesmo tocava seus concertos para órgão e orquestra. Foi operado por casualidade pelo mesmo médico que operou a Bach, também cego na velhice. Também sem êxito.

Händel não chegou a casar. Em seu testamento mostra generosidade com os parentes da Alemanha, que quase nem conhecia, com seus ajudantes e, enfim, com os pobres da cidade de Londres. Apesar de todos os pesares, chegou ao fim em boa posição econômica. Em sua coleção de quadros, que muito estimava, existiam dois originais de Rembrandt. Já em 1726 havia tomado a cidadania inglesa, apesar de nunca ter dominado bem o idioma. Mas pôde assim ser sepultado na Abadia de

Westminster, que era então uma das maiores homenagens que se concedia a um mortal na Inglaterra.

Händel foi religioso dentro do estilo de seu tempo, mas da forma em que um cosmopolita podia compreender a dedicação às coisas mais elevadas do mundo. Sua música especificamente sacra é a menos numerosa e importante dentro do conjunto de suas obras. Entre todos os grandes compositores de ópera de seu tempo, é praticamente o único ainda que é lembrado com maior frequência. Händel compôs a partir de uma fonte de inspiração interior sempre abundante, o que não lhe impedia de usar ideias musicais repetidas em suas próprias obras ou às vezes também tiradas de outros.

Desejou sempre morrer em uma sexta-feira santa e foi ouvido pelo Supremo: faleceu no dia 14 de abril de 1759, em Londres.

Estamos em plena metade do século XVIII. Em 1750 morre Johann Sebastian Bach, alguns anos depois Domenico Scarlatti e Händel. Pouco a pouco desaparecem as grandes figuras do estilo que denominamos *barroco*. Não se trata apenas de uma transformação estilística na música, mas de uma mudança geral na atitude dos homens em relação à vida, de um novo ambiente, do qual a música é apenas um reflexo. Mas é também um fim que gera um novo começo, uma metamorfose.

Trata-se ao mesmo tempo do esgotamento de toda uma técnica de composição musical, em que desaparece a predominância da *polifonia*. A polifonia significa a atuação equilibrada de diversas vozes musicais ao mesmo tempo, sendo que o termo *voz* é empregado também para linhas melódicas de instrumentos. A polifonia é a base do *contraponto*, que, por sua vez, é a técnica e a arte de combinar tais melodias quase independentes entre si.

O ponto mais avançado desse desenvolvimento técnico está situado nas obras do velho Bach, que levou adiante a antiga e pura arte do contraponto, cultivada pelos mestres dos Países Baixos, chamados *flamengos*, porque grande parte deles provinha da antiga Flandres. De todas as formas, já nem Bach mesmo possuia um estilo tão puro de contraponto como verificamos entre os mestres mais antigos, por exemplo nas obras corais de Orlando di Lasso (1532-1594), que já eram históricas mesmo para aquela época. Os alemães veneravam o seu velho mestre Heinrich Schütz (1585-1672), cuja influência sobre Bach é inegável. Depois da *Arte da Fuga* e da *Oferenda Musical*, de Bach, quem poderia realizar ainda maior desenvolvimento ou oferecer novos aspectos? Desta forma, o contraponto deixa de ser nessa metade de século o elemento básico e predominante na técnica de compor música artística.

Observou-se nessa época de transição tal desprendimento das regras do contraponto que não era pequena a inquietação dos músicos em relação ao abandono das velhas regras, por um lado, e às novas possibilidades de compor-se qualquer coisa de valor técnico importante, por outro.

"Hoje a música já se transformou em algo quase arbitrário, porque os compositores não querem mais seguir as leis e as regras e odeiam os nomes das escolas como a morte..." Isto escreveu em 1742 Johann Joseph Fux. Sua obra intitulada *Gradus ad Parnassum*, um tratado de contraponto, pode ser visto como um compêndio de regras ainda em grande parte válidas para os alunos nas aulas acadêmicas dos conservatórios de música de hoje. Não era a primeira nem a última vez que se anunciava o fim do mundo na arte musical. Mas era óbvio que um certo mundo estava terminando.

Uma vez mais o desenvolvimento partiu da Itália em direção ao norte. Mas não era a técnica que se exportava, mas sim a ideia e a expressão. A ópera italiana presenteou o mundo com o *bel canto*. Todas as invenções técnicas do homem juntas não chegam a emocionar-nos tanto como essa forma de expressão humana, que atinge as camadas mais ocultas de nosso coração.

A beleza melódica de uma só voz viria a ser mais apreciada que o esmero técnico nas diversas combinações de melodias da polifonia. Todos os demais elementos começaram mais tarde a subordinar-se à melodia. É o princípio da chamada *homofonia*, em que uma voz é a principal e as outras se ocupam apenas do acompanhamento.

O cultivo dessa nova música foi observado em vários centros, como Paris, Londres, Berlim, Viena e também em cidades que hoje pouca gente reconhece como um "centro musical". Importante foi aí o apoio à prática de música partindo da nobreza. Houve por um breve lapso de tempo certo cansaço no uso das armas, depois de tantos conflitos bélicos entre os Estados europeus, como as disputas territoriais entre Áustria e Prússia, por um lado, e principalmente entre Inglaterra, França e Espanha pelas colônias americanas, por outro. Em 10 de fevereiro de 1763 foi firmado o Tratado de Paris entre Inglaterra, França e Espanha. Cinco dias mais tarde era assinada a Paz de Hubertusburg, entre Áustria, Prússia e Saxônia. Mas a França foi algo mais tarde o cenário do movimento que levou à famosa revolução de 1789, com o declínio da nobreza. Também a Prússia perdia o seu brilho. Ficava a Áustria, no entanto, com a ampla concentração do poder da nobreza, antes da chegada das tropas de Napoleão, que ocuparam Viena em 1805.

Uma especial constelação de elementos favoráveis às artes constata-se na capital austríaca no breve mas importante período histórico entre 1750 e o fim do século. Se bem que também em muitas outras regiões registramos a prática de música integrada às Cortes, houve aqui por primeira vez uma preponderância especial da música diante de outras manifestações de arte, que também existiam, evidentemente. Os nobres não só apoiavam os ofícios dos artistas como tinham ainda o costume de praticá-los eles mesmos. Não existia a trágica separação entre a vida quotidiana e a arte, como conhecemos hoje. A arte estava integrada no dia a dia dos nobres. A popularização da arte, por sua vez, viria a ser um fenômeno posterior, com o surgimento da burguesia.

Wolfgang Amadeus Mozart nasceu na Áustria, em Salzburgo, no dia 27 de janeiro de 1756. Consta que foi batizado com os nomes de Joannes Chrysostomus Wolfgangus Theophilus. O nome Theophilus foi ainda latinizado e, de *Theo*=Deus e *philus*=o que ama, surgiu *Amadeus*.

Salzburgo, situada no vale do rio Salzach, que aí se amplia em forma de uma bacia, a 420 metros acima do nível do mar, fora denominada pelos romanos de Juvavum. No ano 700, aproximadamente, era já a sede de um bispado, criado por São Ruperto. Antes do fim desse século, foi elevada a arcebispado.

Quem anda hoje pelas ruas dessa cidade tem a impressão de andar em uma cidade clássica do norte da Itália. As edificações barrocas devem-se ao arcebispo Wolf Dietrich von Raitenau (1587-1612) e seus sucessores. Hoje em dia, Salzburgo é a capital do estado federado austríaco de mesmo nome.

Leopold Mozart, o progenitor do famoso compositor, também foi músico. É inegável a importância que teve na formação de seu filho. Leopoldo era originário da cidade de Augsburgo, que fica na Suábia bávara, hoje no Estado da Baviera na Alemanha. Dirigiu-se a Salzburgo para integrar-se à orquestra do arcebispado, tendo chegado à função de compositor da Corte e vice-maestro de capela. Casou com Anna Maria Pertl, de Salzburgo, com a qual teve sete filhos. Cinco faleceram ainda no primeiro ano de vida.

Leopold Mozart escreveu um tratado sobre violino, publicado no ano em que nasceu Wolfgang. Com poucas palavras, menciona a seu editor de Augsburgo o nascimento de seu filho, por sinal com o nome de Wolfgang Gottlieb. *Gottlieb* é a versão alemã de Teófilo ou Amadeus.

O pequeno Mozart recebeu já muito cedo instrução musical, praticamente desde o berço. Este fato em si não é algo tão especial, porque a música seguia nessa época ainda em grande parte a tradição dos antigos artesãos. Seus ensinamentos passavam de pais a filhos. Todos os recursos e segredos eram transmitidos junto com os conhecimentos técnicos elementares. Mas não deixa de ser assombroso o resultado pedagógico do trabalho de Leopold Mozart. Conseguiu instruir seu filho sem outros professores: ele aprendeu tudo rápido e ao mesmo tempo de maneira sólida e profunda.

A partir dos quatro anos tornou-se evidente a musicalidade pronunciada de Wolfgang. Tocava o violino e o cravo, depois também o novo *piano de martelos*, o *pianoforte*. Parece que aprendeu tudo com muita facilidade, dispensando um pouco a atuação mais dura de um professor metódico. Mais tarde, o já maduro Mozart dizia que a sorte que tivera era justamente a de não ter tido um professor, com o que queria expressar que o perigo da deformação de um talento natural, em vista de uma submissão a uma escola rígida, era um problema para toda a pedagogia musical. Hoje reconhecemos que nesse ponto está o grande mérito de seu pai, porque o introduziu na música com muito conhecimento, mas da forma mais natural e espontânea possível. Wolfgang, uma criança, respirava música.

Existem documentos que provam que com seis anos já escrevia composições musicais. Mozart representa a figura clássica do menino-prodígio. Seu caso não é tão excepcional por este simples fato, porque sempre houve e há inúmeros casos semelhantes, mas pelo desenvolvimento que teve e pela maturidade que alcançou mais tarde, como adulto em plena consciência do que fazia, quando a maioria dos prodígios perde sua força e seu brilho. Parece que em todos nós reside um prodígio, que não sabemos levar adiante e que o mundo e as escolas tratam de liquidar paulatinamente.

O pai do menino Wolfgang não quis deixar passar a oportunidade de incorporar seu filho a uma maquinária cultural de valor duvidoso, ou seja, de exibi-lo, de "mostrá-lo" nos centros de música mais importantes da época. Por isto surgem as tantas e tão significativas viagens de Mozart. Do sexto ao vigésimo segundo ano de vida, está mais da metade do tempo em viagens. Somente antes da última dessas viagens descansa dois anos e meio, isto é, descansa das viagens, porque o trabalho musical seguia incessantemente. É interessante notar que quando terminam as viagens, começam as obras mais profundas e importantes.

Muitos músicos de relevância criaram maior número de composições que Mozart. Mas, com excepção de Schubert, que neste aspecto é semelhante, é impressionante ver como a criação mozartiana se concentra em tão curto espaço de tempo. Em primeiro lugar, já pela vida curta que teve; depois, pelo reduzido tempo em que surgem as composições realmente profundas e de alto gabarito, maduras em todo o sentido e de peso musical e cultural incontestável. Essas obras, criadas em pouco mais de dez anos, e não as composições de quando era muito jovem, foram as que tornaram a figura de Mozart um dos alicerces básicos de toda nossa História da Música.

A cidade de Salzburgo não teve uma influência de relevância no trabalho de Mozart. Mas é hoje mais ou menos a Meca para onde se dirigem os turistas interessados em Mozart, como os adeptos de Wagner se dirigem a Bayreuth e os de Beethoven a Bonn. Mozart não influenciou sua cidade natal. Não influenciou nenhuma cidade, por sinal, e nenhuma escola, em seu tempo de vida. Nisto foi diferente de Beethoven e Schubert, cujas criações contribuiram substancialmente para marcar o caráter da música de Viena. Beethoven foi além disso o grande modelo técnico para os compositores posteriores, os chamados *românticos*.

Mozart foi "ressucitado" mais tarde, como Bach e Vivaldi, deixando de ser um assunto meramente histórico para formar parte do que é a ativa vida musical de hoje, ou seja, para ser um compositor moderno no sentido mais exato da palavra.

Mozart não deixou raízes em nenhuma parte e não teve alunos que pudessem ser considerados como seus seguidores. Como menino-prodígio, causou admiração e não muito mais do que isso. As lendas aumentaram *a posteriori* a dimensão dos frutos colhidos nessa época. Em geral, houve muitas lendas sobre Mozart e, mais do que isto, o uso comercial, de impressionante mau gosto, de sua personalidade.

Ele tornou-se aos poucos um músico conhecido, porque suas composições eram requeridas e apreciadas, sem que tenha tido um reconhecimento amplo ou "internacional", como diriamos hoje.

Também não foi alvo de uma forma especial de retribuição, seja material ou ideal. Mozart teve poucas funções estáveis e praticamente nenhum "emprego", já pela falta de um verdadeiro mecenas que o apoiasse. Em todo caso, também devemos reconhecer que esse grande mestre da composição musical não se interessou em aproveitar certas ofertas ou chances e nunca pensou em acumular fortuna com os bons ingressos que ocasionalmente teve. A esfera onde vivia era outra, muito diferente do mundo burguês, que determina nosso pensamento de hoje.

Praticamente todos os compositores de alguma importância dessa época contaram com o incentivo de mecenas que os incorporaram a seu ambiente de vida, promovendo seu trabalho e exigindo a participação ativa nos concertos das Cortes. Estes eventos, por sua vez, não eram puro passatempo, como muita coisa que em nossos dias se proclama como arte, mas sim uma necessidade adequada à forma e à qualidade de vida existentes então.

Para nós hoje, testemunhos que somos do consumo e da comercialização desenfreada de tudo o que é ou parece música, resulta difícil compreender a seriedade que existia na arte musical daqueles tempos. Não é uma seriedade imposta e falsa, com semblantes rígidos e inflexíveis, de conservatórios e salas de concertos de burgueses enfastiados, mas, ao contrário, um ambiente de naturalidade, de vida, de alegria e, como estávamos dentro do espírito do Rococó, de graça e leveza. A nobreza, que era a única camada popular que entendia e sabia valorizar isto, ainda tinha algo que justificava esse nome.

Mozart parece ter tido aversão inata a tudo o que era institucionalizado, ao *establishment*. Isto se comprova em sua intuição segura por tudo aquilo que era cheio de vida. E tinha grande amor à vida, de que são testemunhas suas expressivas criações de música. Não nos deve impressionar, então, que fracassasse seu intento de ser um artista criador livre, no final. Nisto teve destino semelhante ao de Schubert, só que este não teve êxito nem sequer nas poucas vezes que procurou um lugar mais fixo e seguro para trabalhar, como professor de escola. Schubert não foi objeto de nenhum reconhecimento especial durante sua curta vida de 31 anos. Fica sendo um mistério a trajetória infeliz desses seres que trazem à Humanidade o que de mais valioso ela tem.

As viagens emprendidas por Leopold Mozart para apresentar seus filhos como prodígios foram a princípio à região mais próxima de onde vivia. Ao lado de Wolfgang atuava sua irmã, Maria Anna, chamada *Nannerl*, que tinha quatro anos e meio mais que ele. Foram a Munique no princípio de 1762, quando Wolfgang contava seis anos. Receberam presentes do Príncipe Eleitor. A sua segunda viagem foi em sentido contrário, a Viena, ainda no mesmo ano. Aí os irmãos Mozart tocaram para a Imperatriz Maria Teresa. Mas o jovem Mozart esteve enfermo nessa época.

A terceira viagem levou-os bastante mais longe. Dirigiram-se a Paris e depois a Londres e à Holanda. Nestas viagens são importantes também as estações intermediárias. Hoje viaja-se em poucas horas em trens rápidos entre essas cidades, com o que tudo o que fica no meio passa desapercebido. Algumas delas, que hoje poucos conhecem, tiveram naquela época grande projeção no plano cultural e também político. E, depois, não se tornaram gigantescas como nossas capitais modernas.

Na transição do barroco ao que chamamos, na música, de *período clássico*, a cidade alemã de Mannheim teve considerável importância. Nessa cidade e no Palatinado (Pfalz) governava o príncipe Karl Theodor, que fomentava as novas correntes artísticas, sendo que sua orquestra introduzia inovações que entusiasmaram Mozart. Ele soube incorporar em suas obras o espírito que aqui se anunciava e que era totalmente diferente da música anterior. A vivacidade no tratamento dos temas era algo novo, também as transições entre o *piano* e o *forte*, ou seja, o *crescendo* e o *decrescendo*, eram graduais e não rígidas e bruscas como no período barroco.

Antes de chegarem a Paris, os irmãos Mozart passaram por Frankfurt e Bruxelas, sempre acompanhados do progenitor. Na volta, também visitaram a Suíça. Quando estiveram na Holanda, mais uma vez uma enfermidade de Wolfgang se fez notar. Também a irmã foi afetada, a tal ponto que os dois chegaram a receber a extrema unção sacerdotal. Mas seguiram por este mundo, como sabemos. A quarta viagem teve o objetivo de se apresentarem em Viena. A seguir, dirigiram-se à Itália: Milão, Roma, Nápoles, Veneza e Bolonha.

Mozart ouviu em Roma uma breve peça musical e depois a teria anotado de memória, como se fosse uma pequena poesia ou um número de telefone. Anotar uma simples melodia ou alguns compassos de um trecho não é fácil, mas enfim não é nada de extraordinário para músicos. Mas anotar toda uma obra depois de uma só audição, por mais pequena que seja, já parece ser algo por demais excepcional. Seja lenda ou não, vale a realidade de que se evidenciava claramente o singular talento do pequeno artista.

Em 1771 – agora já contava 15 anos – dirige-se outra vez a Milão. Esta é já a sétima viagem. A oitava é a Viena, com grande êxito artístico, sem que a audiência conseguida com a Imperatriz Maria Teresa tenha tido resultados práticos satisfatórios. A nona viagem teve como objetivo Munique e a décima levou os jovens outra vez a Paris, mas via Mannheim. Passam também por Augsburgo, onde visitaram os parentes.

Dessa época provêm os contatos e as cartas dirigidas à prima Maria Anna Thekla, chamada simplesmente de *Bäsle*, que significa mais ou menos *priminha*. Entre as tantas cartas de Mozart, tais escritos receberam atenção especial só em nosso século, porque a divulgação oficial das cartas do compositor preferiu ignorá-las. O espírito puritano via nela talvez uma mancha em seu currículo, pela linguagem livre e muitas vezes um tanto obscena. Em nossa época já se registra o contrário, o outro extremo, pois procura-se explorar o lado brincalhão, as extravagâncias e a linguagem pouco de salão, como se fossem estas as características mais importantes desse músico.

Mas Mozart foi sempre um ser muito divertido, o que não é nada raro entre músicos. O humor parece fazer parte da profissão. Esteve atento a tudo o que pudesse causar graça e era sempre agudo em suas observações. Suas cartas revelam um sentido por demais natural na consideração das coisas deste mundo e da maneira de atuar das pessoas ao seu redor. Fazia rimas com frequência, há comparações das mais diversas, o mundo animal está sempre presente e são mencionadas diversas partes, em geral "menos nobres", do corpo humano. Além disso, inventava nomes e fazia trocadilhos sem parar.

Apesar de tudo isto, sempre encontramos muito carinho em seus textos. Muito pouco ou quase nunca se detém em divagações ou considerações filosóficas. Não há nenhuma apreciação da natureza, não aparecem considerações sérias sobre problemas artísticos, mas sim críticas com bastante acidez e burlas sem parar. Enfim, são palavras que às vezes parecem escritas com lágrimas, em virtude da consciência que talvez tivesse de seu próprio destino como homem e artista.

Quando esteve em Paris, morreu sua mãe, que o acompanhava. Foi um golpe inesperado e violento para o jovem Wolfgang. A partir daí já começamos a sentir em sua música cada vez menos a despreocupação e a alegria infantil que o haviam caracterizado, como a frágil consistência típica da porcelana rococó. Desaparece esta atitude para dar lugar ao Mozart mais maduro. É agora o grande mestre da composição musical, de incomparável domínio da técnica, sempre seguro e equilibrado em tudo que escreve.

Ainda não se anuncia nesta época o compositor com traços mais melancólicos, elementos que só o Romantismo do século seguinte viria a desenvolver. No final de sua vida, encontramos também certa visão fatalista e implacável do destino e uma aceitação incondicional dos lados profundos e duros da vida humana. Quanto mais aumentava sua profundidade artística, mais genial se mostrava seu domínio técnico do *métier*.

Os concertos para piano e orquestra, que chegaram a um elevadíssimo grau de perfeição técnica e a uma expressão absolutamente nova em seu tempo, são testemunhos desse Mozart maduro, apesar de ainda tão jovem. Mas ouvindo-se a *Sonata para piano em lá menor*, composta após a morte de sua mãe, em Paris, compreendemos a essência do impacto que sofrera. No entanto, Mozart, como inovador constante, não se fixa em um só tipo de expressão. Já segue à sonata mencionada uma outra de índole muito diferente, quase angelical, em seu princípio. Referimo-nos à *Sonata em lá maior*, com as variações no primeiro movimento e que termina com um movimento muito apreciado pelo público, a chamada *marcha turca*. Trata-se de um movimento final no estilo *alla turca*, simplesmente um modelo meio folclórico muito comum em composições de ópera da época. Não nos olvidemos que o avanço dos turcos havia sido detido quase às portas de Viena em 1683.

Os últimos dez anos da produção artística de Mozart são os de Viena. Tenta ser um artista livre, vivendo da venda de suas composições, que eram encomendadas como produtos de consumo. Os esforços de seu pai por conseguir-lhe uma boa colocação não tiveram resultados positivos, o que, pelo talento de Wolfgang, seria de esperar-se. Em Viena ele viveu, por assim dizer, do que podia. Recebia, às vezes, boas quantias de dinheiro, que desapareciam mais rápido do que deveriam. Em suma, verdadeira compensação não teve, porque o que ganhava em retribuição a seu trabalho era infinitamente inferior ao que valia, mesmo em seu tempo, sem falar do que viria a significar depois. Hoje verdadeiras legiões de pessoas vivem e se aproveitam materialmente do que Mozart fez. São famosos até uns bombons, aquelas bolinhas de chocolate que levam seu nome, as *Mozart-Kugeln*.

A música que Mozart compôs para as *Bodas de Fígaro* teve considerável êxito público. Na primeira apresentação, no dia 1º de maio de 1786, quase todos os números dessa ópera tiveram que ser repetidos. Era costume fazer-se o *da capo*, se o público entusiasmado o exigisse. A temática não agradou ao Imperador, como se tivesse se identificado com a figura do Conde Almaviva: proibiu a oitava repetição do *Fígaro*. O texto do genial Beaumarchais tocou pontos sensíveis dos soberanos. Mas em Praga, depois, o êxito foi arrasador.

Fora em 1787 que Mozart se dirigira a esta cidade. Ali passou os dias mais felizes de sua vida. Compõe o *drama giocoso* intitulado *Don Giovanni*, a obra-prima em que sua arte de caracterização das personagens só tem paralelo, no teatro, nas obras de Shakespeare. Conta-se que, na noite que antecedia a estreia de *Don Giovanni*, em Praga, ele ainda não havia composto a *abertura* da ópera, que nas óperas é a parte instrumental introdutória. Todos ao seu redor estavam inquietos, o tempo passava, já era noite, mas não lhe ocorria nenhuma inspiração que fosse de seu agrado. De um momento para outro, contudo, pôs-se a compor sem parar, e o resultado incrível é essa música belíssima que hoje tanto estimamos.

Em Viena, Mozart foi agraciado com o título de "verdadeiro compositor de câmara", assim denominado porque havia o costume de serem concedidos títulos semelhantes a quem não era verdadeiramente um compositor. Recebeu com isto um salário, mas pequeno. Viajou ainda a Berlim, passando por Praga, Dresden e Lípsia. Já era 1789, o ano da Revolução Francesa. Tais viagens não significaram nenhum benefício material para Mozart e quase também nenhum espiritual. Dois anos depois terminava a curta carreira, de uma vida cheia de trabalho, vivências e esperanças, na qual "tudo havia começado tão bem", como escreveu perto do fim.

Mozart casou com Konstanze Weber, cuja irmã havia sido para ele um amor fracassado. Teve filhos, amou a mulher e a família, mas houve problemas quase sempre oriundos das más condições financeiras. Mozart não viveu de maneira desregrada ou extravagante. Tinha gosto bastante desenvolvido pelo bilhar, nada mais, quer dizer, com exeção de seu amor pela vida e tudo o que isto pode significar.

A criação musical de Wolfgang Amadeus Mozart abrange as mais diversas formas praticadas em sua época. Desde a música para piano solo, em tempos em que os compositores ainda eram seus próprios intérpretes, até a música sinfônica, as óperas e a música sacra, nunca deixou de contribuir para o mundo musical em que estava envolvido e de expressar-se com todo o valor de sua arte.

As sonatas para piano mostram um pouco as estações de suas viagens. Primeiro existem as sonatas compostas em Salzburgo, ainda com algumas marcas de academismo ou de fórmulas e modelos de composição comuns a outros compositores da época. Há, no entanto, muitos detalhes em que notamos sua procura por si mesmo: a originalidade. Nesse grupo é muito especial a *Sonata em mi bemol maior*, que começa com um adagio, seguindo-se um minueto com trio e um desfecho rápido, curto e brilhante. Há já de saída a busca por uma forma interessante e mais sólida para a sonata, que só depois Beethoven viria a encontrar.

Mais tarde temos a liberdade melódica e o ambiente leve e otimista característicos da escola de Mannheim. Em Paris surgem as sonatas mais maduras em expressão, todas elas demonstrando também a maestria técnica desse compositor. Em Viena, enfim, aparecem ainda outras sonatas de importância, ora com ambiente de fantasia, ora com extremo virtuosismo, como a última de todas, a *Sonata em ré maior KV 576*.

A música de câmara é riquíssima: existem sonatas para violino e piano, trios para piano, violino e violoncelo, quartetos para piano e cordas, um quinteto para piano e sopros, um maravilhoso quinteto para clarineta e cordas e os tão importantes quartetos e quintetos de cordas, que são marcos definitivos da grandeza mozartiana e de toda a música do período que chamamos de *clássico*.

Mozart não deixou de compor para as mais variadas combinações de instrumentos. Assim temos uma série de trabalhos destinados a pequenos grupos de instrumentos de sopro, por exemplo, que o público de hoje quase não conhece, mas que igualmente revelam o grau excepcional de sua qualidade como criador. Os *Lieder*, ou seja, as canções para uma voz e piano, não são tão numerosos, mas muito apreciados.

A música sacra está entre o que de mais grandioso existiu em sua época. Diferente da de Bach, é música de um católico nada rigoroso e com muita sonoridade italiana. Traz consigo um ambiente leve e demonstra uma aura dourada que nada tem em comum com as composições barrocas do gênero, estas bastante mais pesadas e em blocos, os quais, no Rococó, se dissolvem em ornamentos de cores suaves, como as igrejas edificadas da época, que hoje são preciosas peças de museu.

Como o piano fora sempre seu instrumento de trabalho quotidiano, é natural que dedicasse muito cuidado às composições para esse instrumento como solista, junto à orquestra sinfônica. O resultado são os vinte e sete concertos, em que grande parte pode ser considerada de altíssimo valor expressivo. Encontramos nos concertos para piano e orquestra de Mozart essa arte especial de "ambiente" sonoro. Um *andante cantabile* de Mozart é uma verdadeira antecipação do sentimento romântico, o qual viria a aparecer só depois dos clássicos.

Os concertos para violino e orquestra são outro marco importante em sua criação. Apesar disto, notamos que são provenientes da época em que sua maturidade ainda não alcançara o apogeu. O desenvolvimento das sinfonias, por outro lado, possui nítidas características de uma evolução gradativa. Esse gênero é algo que sempre tem a ver com a experiência de um compositor, e raramente os jovens dominam tal setor. Mozart começou em Salzburgo a composição de sinfonias, já muito cedo. Aparecem diversas sinfonias de períodos intermediários, mas as últimas são de um conteúdo técnico e artístico de raro valor. A *Sinfonia de Praga*, a em mi bemol maior, índice Köchel 543, a sombria em sol menor e a gloriosa *Jupiter* são o ápice de uma pirâmide de criação sinfônica que é um dos pontos altos de toda nossa música.

Mas ainda não chegamos ao fim na enumeração de algumas de suas obras mais importantes. Faltam as óperas, que integram hoje os repertórios em toda parte, se bem que algumas são conservadas mais pelo seu valor histórico. Neste caso, trata-se sem dúvida de música belíssima, mas o libreto é pouco interessante ou a ação cênica é menos forte que nas óperas mais conhecidas. *Tito* e *Idomeneo* fazem parte de tal categoria: são linda música, mas pouca ópera.

Além das já mencionadas, é evidente que *A flauta mágica* é o ponto máximo da glória do compositor. É uma mistura de elementos sérios, simbólicos e de teatro popular até um tanto vulgar. Mas a música é o que existe de mais perfeito e celestial. Também *Così fan tutte* é um autêntico Mozart. Foi ópera encomendada pelo Imperador e puro mundo rococó, tanto a música como o libreto. E não esqueçamos *O rapto do serralho*, uma legítima *opera buffa*.

Em todas as obras encontramos esse singular equilíbrio de elementos que faz com que a música de Mozart seja chamada de *clássica*. O clássico é sempre o modelo e o equilíbrio máximo na arte. Walter Gieseking, uma das personalidades pianísticas mais fascinantes e importantes do século XX, disse que "parece um paradoxo, mas a música de piano de Mozart pode ser vista como a música mais fácil e ao mesmo tempo a mais difícil, se queremos tocá-la como deve ser. Só aparentemente não se exige nenhum esforço especial tocar Mozart, porque é tão simples e natural". Encontramos aqui toda a caracterização da problemática: é música que apenas parece ser leve e natural, mas aí está justamente a dificuldade, porque necessita enorme estudo e profunda dedicação para chegar-se a importantes resultados na intepretação. A grande e profunda filosofia também é de poucas palavras e não de enormes textos.

É notável o grande equilíbrio que existe entre os elementos técnicos nas obras de Mozart. Escutamos lindas melodias em toda parte. Ele tinha grande facilidade em criá-las. Notamos aqui a origem algo italiana de sua raiz melódica. Mas Mozart não se concentra demasiado no desenvolvimento de tais melodias, porque sempre surgem outras, como advindas de uma fonte rica e inesgotável. As harmonias são interessantes e vivas, inesperadas às vezes, mas sempre em função do todo em que estão integradas. Os ritmos são verdadeiros impulsos ao movimento musical. Mas não há abuso de ritmos. A escala de valores dinâmicos, da intensidade sonora, é riquíssima. Usa tudo o que existe entre o *pianissimo* e o *fortissimo*, inclusive os efeitos de acentos, ora mais pronunciados, ora mais em segundo plano. Jamais se perde em sutilezas e nunca insiste demasiadamente em algo. O mesmo acontece com a orquestração: as cordas são a base, como em toda boa instrumentação de obras para orquestra; os sopros atuam quase que como luzes, surgindo no lugar exato. A percussão vem de forma moderada, mas no momento certo. Tudo tem o seu lugar definido. Não se pode nem tirar nem por uma nota nas partituras de Mozart sem destruir o equilíbrio que possuem.

Há as misturas geniais de luz e escuridão, com a tendência fundamental de orientar-se para a região mais clara. As formas musicais que escolheu são as de seu tempo, mas em toda parte existe sentido e vitalidade e não só a pura arquitetura sonora. Nada é estático. É a essência da vida, que só existe em pequenas doses no mundo, mas que em sua obra está onipresente. Tudo se posiciona de forma equidistante de um centro orgânico, que dá vida ao todo: é realmente o *coração da música*, o centro de toda a música, o centro do homem.

As classificações esquemáticas colocam Mozart no centro do *classicismo* musical, que por sua vez é o centro da História da Música. Suas raízes musicais provêm de várias fontes, e não devemos olvidar a influência de Johann Christian Bach, um dos filhos do grande mestre saxão, que se havia dirigido a Londres. Os impulsos adquiridos por Mozart na Itália e em Mannheim, por um lado, e o que assimilou no ambiente cultural de Viena, por outro, formaram essa simbiose única que encontramos em sua obra. Mas tudo isto são elementos que só servem para que nos aproximemos intelectualmente da essência e que não podem nem de longe satisfazer a uma compreensão mais profunda, que não pode ser segundo nossa lógica escolar, mas sempre subjetiva e dirigida aos limites imensuráveis do ser humano.

Sempre nos impressiona em Mozart a combinação *sui generis* entre a inspiração, o que é divino – hoje diríamos *inconsciente* – e o que é trabalhado, ou seja, a realização das composições segundo determinada técnica. Pois tanto na invenção derivada da fantasia como na técnica trabalhada, encontramos esse impressionante equilíbrio, em que nenhum dos elementos domina por si só. Nunca mais em toda História da Música existirá um compositor que domine essa arte de aplicação de todos os elementos musicais existentes ao mesmo tempo, com tal clareza e sem o predomínio de nenhum deles, sem o acento por demais saliente de algo, mas ao mesmo tempo com o pleno desenvolvimento de todos eles.

Em setembro de 1791, enquanto compunha *A flauta mágica*, Mozart escreveu uma carta ao libretista Lorenzo da Ponte, que o convidara a viajar a Londres, na qual deixa-nos entrever a situação de seus últimos dias. Interrompera inclusive a composição da ópera para dedicar-se a um *Requiem*, a Missa dos Mortos da liturgia católica, que lhe fora encomendado por um "desconhecido" em circunstâncias misteriosas. Nessa carta escreve: "Gostaria de aceitar seu convite, mas como fazê-lo? Minha cabeça está confusa, penso com dificuldade e não desaparece diante de meus olhos a imagem desse desconhecido. Está sempre diante de mim, pedindo e suplicando com impaciência a continuação do trabalho. Sigo, porque compor cansa-me menos que não fazer nada. Mas, enfim, não tenho mais nada a temer. Sinto que chegou minha hora. Estou perto do fim de minha vida. Meu fim chegou antes de que pudesse aproveitar meu talento. E, apesar disto, a vida foi bela, a carreira começou com tão bons presságios. Mas não se pode modificar o destino. Ninguém pode contar seus dias, temos que conformar-nos. Acontecerá o que determina a Providência. Termino. Diante de mim está meu canto fúnebre. Não posso deixá-lo inacabado. Viena, setembro de 1791. Mozart." Mas o *Requiem* ficou por terminar. Um aluno, de nome Franz Xaver Süssmayr, completou o que faltava, segundo suas indicações.

Houve uma verdadeira série de lendas sobre a morte e a causa da morte de Mozart. Por um lado, existem tentativas de esclarecê-la, datando já do mesmo mês em que ocorreu. Conhecemos diversas tentativas de explicar a causa da morte, o que originou uma literatura especializada no assunto. Por outro lado, existe também uma interpretação criminal sobre a morte do compositor. As rivalidades entre as pessoas e, assim, entre os músicos, não era muito menor naquela época que hoje. Mas agravou-se a questão quando, em 1823, o velho concorrente de Mozart, Antonio Salieri, já em plena demência nos seus últimos anos de vida, autoacusou-se de ter envenenado o colega.

O escritor e poeta russo Alexandre Púchkin contribuiu para a divulgação dos boatos em torno do suposto envenenamento, com a peça teatral chamada *Mozart e Salieri*, que ficou incompleta como o *Requiem* do compositor. Mozart já havia falecido há 39 anos quando Puchkin escreveu sua peça, em 1830. Mas nada foi provado até hoje e só existe espaço para especulações. Aparentemente, o material absolutamente comprovado sobre todas as circunstâncias está esgotado em definitivo.

No dia 4 de abril de 1787, mais de quatro anos antes de sua morte, Mozart escrevia de Viena a seu pai que "a morte na realidade é o verdadeiro objetivo final de nossa vida e, assim, há alguns anos familiarizei-me de tal forma com esse verdadeiro melhor amigo do homem que sua imagem não possui nada mais de horrível para mim, mas muito de tranquilizante e de consolador".

Depois de um estado de inconsciência de mais ou menos duas horas, faleceu Mozart, na primeira hora da madrugada do dia 5 de dezembro de 1791, em Viena. O que houve em relação ao cadáver a partir daí até o sepultamento, quer dizer, nos dois dias seguintes, é ignorado, porque não se encontraram relatos de testemunhas. Diz-se que Mozart foi enterrado em vala comum. Mas também isto não é muito certo. A "vala comum" era um tipo de sepultamento usual na época, com um conjunto de seis cadáveres enterrados em grupo.

Quando, tempos depois, sua mulher, que não havia estado em Viena na época de sua morte, perguntou no cemitério pela tumba de um Wolfgang Amadeus Mozart, ela nem constava do registro.

Em 5 de dezembro de 1791 talvez ninguém tenha tido notícia da morte de um *tal de Mozart*. Era o dia em que parou aquele coração que agora nós buscamos, os que amamos sua música.

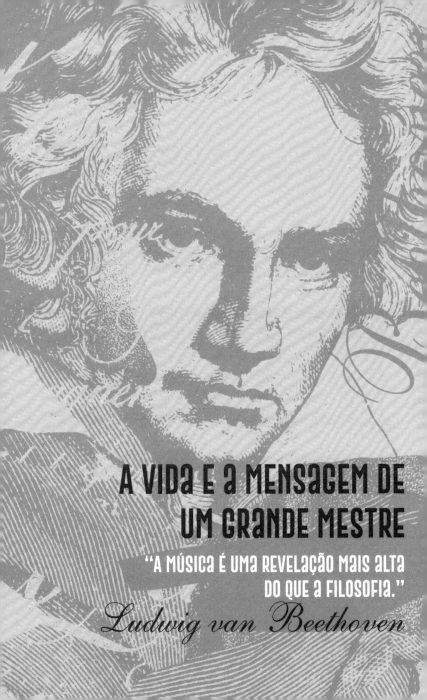

Os homens que são verdadeiramente criadores condensam em sua obra sempre os melhores valores humanos. Conhecemos o caso de uma personalidade, na qual não somente este aspecto é constatável, mas por cuja força também todo um ambiente cultural foi impactado. Ele foi um formador de uma nova situação, justamente para acentuar o valor do humanismo. Os novos tempos surgiram com o frescor do ar depois dos temporais de verão.

De fato, em determinado momento da história da arte musical, um compositor produziu obras grandiosas, mas, além disso, chamou a atenção não apenas por elas como também pela sua própria forte personalidade.

Na música antiga os compositores nem sequer tinham o hábito de apor seus nomes em suas obras, para identificá-las como próprias. Conhecemos inúmeras obras *anônimas*. Mas, de um momento para outro, o artista e não só a obra tornou-se interessante. O *ego* do criador estava presente.

Esse *ego*, contudo, era essencialmente ético, do começo ao fim. O propósito desse compositor, de quem queremos nos aproximar, era humano, independente da qualidade da música que criava. Houve, em razão disto, um caminho muito difícil, que marcou toda sua vida, quase como uma cruz que carregou até os seus últimos dias. Tão grande era esse homem, mas apesar disto não deixou de ser um ser humano como qualquer outro, cheio de complicações e dificuldades na vida quotidiana, desnecessárias para quem contempla toda sua obra, mas sem dúvida essenciais para compreender sua legitimidade. Assim, esforçamo-nos para saber quem foi Ludwig van Beethoven.

Ele nasceu em Bonn, às margens do Reno, não se sabe exatamente em que dia. Existe um registro oficial de seu batismo na Igreja de São Remígio, a partir do qual se conclui que Beethoven veio ao mundo no dia 16 de dezembro de 1770. A casa paterna, modesta residência bem no centro da hoje relativamente grande cidade de Bonn, pode ser visitada pelo público. Contém agora diversos objetos referentes à vida e ao trabalho do mestre, como em todos os museus do mesmo gênero, onde expõem-se relíquias de quem teve que deixar sua cidade natal para realizar sua vida em outra parte.

Esta outra parte foi Viena, a capital austríaca e ponto de atração de todo esse período musical que denominamos de *clássico*, que segue ao Barroco e antecipa o Romantismo, se é que tais nomes servem para definir algo mais ou menos concreto na arte. Porque fenômenos tão complexos como a vida e a obra de personalidades do gabarito de Beethoven, Mozart ou Haydn não podem ser comprendidos com tais rótulos esquemáticos, infelizmente por demais usados em escolas e conservatórios. Não é fácil querer comparar as obras desses homens sem usar lugares comuns. Cada um deles foi *sui generis* como suas obras. Em todo caso, está em qualquer livro de História da Música que esses três compositores foram os famosos clássicos de Viena. Interessante é que nenhum dos clássicos vienenses nasceu em Viena: Mozart era de Salzburgo, Haydn de Rohrau, na Áustria Baixa, e Beethoven de Bonn, Renânia.

Para estimar-se o que fez Beethoven em sua vida de 56 anos, temos que analisar muitos e diversos aspectos. Primeiro, a origem familiar. A avó do lado paterno abusava de bebidas alcoólicas, mas terminou seus dias em um mosteiro, como penitência autoimposta ou talvez apoiada por seus familiares. De seus três filhos, o único que sobreviveu, Johann, seguiu o vício materno e perdeu em consequência disto seu trabalho como tenor no grupo musical do Príncipe Eleitor, em Bonn. Esse homem era o pai de Ludwig van Beethoven.

Insistir em saber mais sobre tais aspectos é desnecessário, apesar de que tantos biógrafos hoje em dia ainda pensem ser importante encontrar detalhes inéditos em cada minuto da vida de um mestre. Esse costume, porém, faz-nos perder a visão do todo. Enfim, em uma região em que o vinho sempre fez parte da vida, como nessa zona do Reno, tais destinos não necessitam ser vistos com espanto. Beethoven não chegou a ser jamais um bebedor para além dos costumes comuns. Mais para o fim de sua vida, aumentou um pouco o consumo dessa nobre bebida, quando os dias que lhe restavam entre os mortais já não lhe significavam muita coisa.

Sua partida para Viena não foi uma decisão súbita. Era outra época, em que as viagens das pessoas estavam sempre ligadas a um sentido concreto. Hoje em dia, como se sabe, qualquer cidadão europeu acomodado, com o simples objetivo de tirar umas férias, pode viajar de um lado a outro dentro do continente, que, em avião, se cruza em pouco tempo. A ida de Beethoven a Viena foi algo preparado e conseguido com muito esforço, aliás, como tudo na vida desse homem. Bonn, naquela época, era ainda uma aldeia algo idílica, com todos os fatores negativos para quem não pode se adaptar ao ambiente, por falta de chances de desenvolvimento pessoal. Justamente, ele tinha os dotes artísticos e humanos à flor da pele.

Houve duas viagens do jovem Ludwig a Viena, a primeira delas quando tinha 17 anos, na primavera de 1787. Nessa vez, teria tocado para Mozart. Este parece ter-se expressado de maneira extremamente positiva e até profética sobre o talento do jovem renano, tendo sido por isto um dos poucos juizos acertados na História da Música, que está repleta de prognósticos equivocadas. A maioria dos músicos enganou-se redondamente no julgamento das chances de seus discípulos, que lhes eram entregues para formação e para análise de seus talentos.

A segunda viagem a Viena foi diferente: teve caráter definitivo. Contava 22 anos de idade e pôde ser aluno inclusive de Joseph Haydn e de Antonio Salieri, duas sumidades musicais da época. Suas primeiras atuações como pianista e, depois, como compositor, ocorreram a partir de 1795, com 25 anos, quando Mozart já estava morto há quatro anos e em uma época em que proliferavam os meninos-prodígio como cães amestrados.

O próprio progenitor de Ludwig quisera apresentá-lo ainda em Bonn como um prodígio, mas sem qualquer êxito. Talvez desse fato veio a aversão declarada que sempre teve Beethoven em relação aos prodígios. Para que parecesse como mais jovem, seu ano de nascimento havia sido indicado como sendo 1772, dois anos depois do que realmente foi. O próprio Beethoven, até chegar à idade adulta, desconhecia exatamente em que ano nascera.

Bonn não foi um lugar fácil para o desenvolvimento da juventude desse talento e Beethoven parece ter levado consigo a Viena todos os problemas da família. Sempre teve interesse pelo que ocorria com os parentes e amigos, mas por carta e sem deixar entrever muita melancolia. Apesar disto, seu distanciamento com Bonn foi claro. Seu *opus* 1, a primeira obra, foi composto ou pelo menos concluido em terras austríacas. O que veio de Bonn foram anotações e projetos, entre eles algum material de importância não subestimável. Mas as obras concluídas naqueles tempos não receberam classificação oficial e levam hoje apenas o triste carimbo de *obras sem número de opus*, ou seja, "obras sem número".

Mas por que Viena? José II era coregente em Viena desde 1765, ao lado de Maria Teresa. Preparou e depois acelerou as reformas de seu despotismo, denominado *esclarecido*. Os direitos classistas e os previlégios da nobreza foram reduzidos, o que também nas dominadas terras húngaras provocou fortes reações. A Igreja teve que submeter-se ao Estado absolutista, implantou-se de um momento para outro o matrimônio civil, foi decretada a secularização de bens, a formação de sacerdotes em seminários estatais, a redução de feriados religiosos etc. A língua alemã passava a ser oficial na Boêmia e na Hungria.

E não esqueçamos a França: os ideais revolucionários e a atuação de Napoleão, com novos ventos e novos vendavais. Compreendemos a partir desse panorama certas atitudes de Beethoven, que não eram invenções dele mas eram coerentes com o novo espírito dos tempos, que ele levava a sério e em si mesmo. Sua força básica foi a música, que sempre lhe serviu como o melhor argumento para vencer em todas as situações.

Apesar de ter sido uma pessoa que vivia lendo boa literatura e que poderia ser qualificado de culto, preferia usar a fórmula mágica da música e tocar, quando nas discussões exaltadas lhe faltavam argumentos lógicos para convencer os demais. E foi em uma destas ocasiões que afirmou que "a música é uma revelação mais elevada do que a filosofia".

A formação musical de Beethoven foi, ao que parece, desordenada. Em Bonn aprendeu o que lá era possível; em Viena dirigiu-se logo aos grandes nomes, como a Haydn, mas também a gente menos famosa, com melhores resultados. Johann Georg Albrechtsberger era um desses bons pedagogos que a história esqueceu. Durante um ano Beethoven manteve contatos com Haydn, mas apenas contatos e não verdadeiras lições. O trabalho com Johann Schenk durou só meio ano; além disso houve quase que apenas consultas com Maximilian Franz, E.A. Förster e Antonio Salieri. Fica portanto Albrechtsberger como o mais importante de seus professores, pelo menos pelas próprias palavras de Beethoven, quando terminava sua carreira de aluno: "Perdi o meu Albrechtsberger e não tenho confiança em nenhum outro".

Beethoven foi, no fundo, um autodidata, que buscou apoio onde podia, não exagerando na aplicação e na obediência e, além disso, detestando tudo o que era academismo. Mas nem tudo foi fácil: ele trabalhava de maneira incessante e obcecada, quase fanática, guiado por uma lei interna que o obrigava. Estudava mais as próprias coisas e suas possibilidades do que as alheias. Aliás, seu interesse por trabalhos de seus contemporâneos era quase nulo.

Seu ambiente de trabalho, a cidade de Viena, era nessa época importante ponto de confluência de diversos elementos culturais. Do lado do leste existiam os vínculos com a Hungria, além da nada depreciável influência da Boêmia e da Morávia. Compositores considerados vienenses como Franz Schubert e Gustav Mahler tinham suas raízes familiares em tais regiões. Se olharmos o mapa, veremos que Viena está em posição quase equidistante de importantes cidades de cultura musical, como Munique, Praga e Budapeste. Não desprezemos, além disso, a sempre presente influência italiana, razão porque encontramos aí tantos nomes oriundos da península dos Apeninos, como Clementi, Diabelli e Salieri.

Em Viena viviam os mecenas, personagens poderosos e que cultivavam as artes de maneira habitual e natural. Ao seu redor encontrava-se tudo o que havia de melhor e elevado. A arte ainda significava o cultivo incondicional do belo. O respeito que existia em relação a um talento artístico de parte dos detentores do poder político era enorme, em que pese nossa dificuldade em compreendê-lo em razão da desigualdade de classe. Mencionamos isto apenas porque Beethoven é o primeiro músico que conseguiu ser reconhecido como uma individualidade artística destacada e independente. Antes, os compositores eram apenas peças integradas à estrutura de uma Corte.

É indubitável que o artista não possuia o conforto material nem a ambição para querer equiparar-se a um príncipe, mas este raciocínio e esta forma de encarar a questão correspondem já a uma mentalidade posterior à Revolução Francesa, quando a burguesia havia se apoderado dos bens da nobreza. O homem das artes, no entanto, possuia seu lugar fixo no panorama geral e como tal era respeitado. Nenhum príncipe, conde ou arquiduque, com que Beethoven teve contato, menosprezou o artista.

A homenagem que o compositor prestou a tais mecenas revela-se através das dedicatórias das obras. Estas eram também objeto de retribuição material. As importantes sonatas para piano de Beethoven, 32 no total, mostram tanto o desenvolvimento artístico durante toda sua vida, quanto os contatos com a nobreza de Viena. As três primeiras sonatas ainda foram dedicadas a seu estimado mestre Haydn, seis a condessas, quatro a condes, duas a uma baronesa, uma a uma princesa, duas a um príncipe, três a um arquiduque, duas a outros nobres e uma sem especificação de título. Oito ficaram sem dedicatórias.

E quais eram tais mecenas? A famosa sonata *Patética* foi dedicada ao príncipe von Lichnowsky, a chamada *Appassionata* ao conde von Brunswick; a denominada *Ao luar*, título romântico posterior que nada tem que ver nem com o compositor nem com a obra, à condessa Giucciardi; a despedida do arquiduque Rodolfo da Áustria foi o ensejo para a composição da sonata *Os adeuses*. Ao mesmo mecenas foi dedicada ainda a longa sonata para o *Hammerklavier*, o "piano de martelos", *opus* 106; além disso a sonata *opus* 111, a última que Beethoven terminou.

A *sonata* é uma forma musical que está no centro do período clássico, algo equivalente em sua configuração ao drama literário. Ela foi um verdadeiro campo de experiências para Beethoven, que através desta forma musical pode extroverter seu forte individualismo, em que cada obra é um ser diverso. O individualismo de Beethoven se encontra mais nas sonatas do que nos aspectos exteriores de que tanto se falou e que foram pouco transcendentes. Talvez não seja demais afirmar que a grande novidade de Beethoven foi exatamente esse caráter individual que impregna suas obras. Era a arte do *ego* a que nos referíamos antes, algo inédito até então, talvez inclusive insolente na maneira como o realizava. Não produzia em série como outros, que tinham uma espécie de emprego em uma Corte, como Haydn, ou em uma igreja, como Bach. Por isto o número das composições de Beethoven não é extremamente grande, se bem que bastante considerável. Grande é o conteúdo de cada obra. Depois de Beethoven, inclusive, tudo se tornou mais difícil para os compositores, porque havia que ser sempre inédito e original, já por uma questão de princípio.

A sonata ofereceu um campo ideal para a expressão musical de Beethoven. É um ciclo de alguns movimentos quase independentes entre si, na maioria dos casos seguindo o esquema de um movimento rápido, outro lento e um final rápido, mas com muitas variantes. O primeiro movimento da sonata é o que contém a *forma da sonata* propriamente dita. São dois temas, em geral contrastantes, apresentados como dois personagens de um drama. Depois, eles entram em verdadeiro conflito, no chamado *desenvolvimento*, ao que segue uma *re-exposição* dos temas iniciais. Nada mais adequado do que isto para um homem cuja própria vida foi uma espécie de drama, que pôs o drama em sua música e assim criou uma arte sublime, exemplar e, por isto, *clássica*.

Além dessa configuração formal da sonata, ideal para quem pretendia expor e resolver conflitos, como Beethoven, existia uma importante inovação técnica no instrumento que dominava. O piano de martelos, o *Hammerklavier*, aparecera poucos decênios antes, trazendo um dispositivo diferente de seu antecessor, o cravo: os martelos atacavam as cordas com a possibilidade de influenciar a intensidade sonora com a pressão ou o peso dos dedos e braços, algo impossível no cravo ou em outros instrumentos de teclado, como o órgão. Com a variação na pressão dos dedos, era possível, assim, obter distintas intensidades de volume no instrumento, um *piano* ou um *forte*, também um *pianissimo* ou um *fortissimo*, além das diversas transições gradativas entre um e outro. Por estes recursos, o instrumento foi batizado em italiano de *pianoforte*, abreviado para *piano* em português. Teoricamente poderia também ter-se chamado simplesmente de *forte* e os *pianistas* seriam neste caso os *fortistas*.

A forma da sonata é igualmente o esquema que serve para outros gêneros de música dessa época, como o quarteto de cordas e a maioria das composições para pequenos grupos de instrumentos, a chamada *música de câmara*. Mais ainda, a sonata é a base estrutural do trabalho orquestral sinfônico: uma sinfonia não é outra coisa que uma grande sonata para orquestra. Também neste setor as inovações de Beethoven são extraordinárias. A *orquestração*, a arte de compor adequadamente para os instrumentos da orquestra, foi um dos pontos em que o mestre inovou e marcou o desenvolvimento posterior.

A primeira de suas sinfonias ainda é mais ou menos simples e lembra às vezes outros compositores de seu tempo. Mas já apresenta elementos beethovenianos inconfundíveis: os acordes em suspenso do começo foram quase uma provocação para os acadêmicos da época. Cada uma de suas nove sinfonias possui uma força e um caráter próprios. Algumas receberam nomes que as caracterizam, como a terceira, a *Eróica*. Beethoven havia escrito a dedicatória em termos realmente heroicos: "Sinfonia grande, intitulata Bonaparte". Mas em 1804, quando Napoleão fez-se coroar imperador, a desilusão do compositor levou-o a eliminar a dedicatória. Ficou, no entanto, a música majestosa, brilhante e realmente imperial.

A Quinta Sinfonia é denominada *Do destino*. Aqui encontramos o ponto nevrálgico da vida de Beethoven. Não pela sinfonia, mas pelo que representava o destino para ele. Quando seus maiores progressos artísticos começaram a evidenciar-se, foi vítima de uma enfermidade fatal para um músico: a surdez. Em carta a seu amigo Carl Amenda, de 1º. de junho de 1800, confirmava a consciência que tinha da gravidade do caso. Reconhecia que era impossível curar sua surdez, com o resultado de que sua atividade musical estaria liquidada. São palavras de desespero: "...saibas que minha parte mais nobre, minha audição, diminuiu, já naquela vez que estiveste aqui; não te comentei, mas piorou... Se melhorará? Espero, mas é difícil, porque tais enfermidades são as mais incuráveis. Que triste devo viver agora, o que mais me vale... Peço que mantenhas a questão de minha audição em sigilo, não confiando a ninguém, seja quem for..."

Contava apenas trinta anos e somente sua primeira sinfonia fora apresentada em Viena. É ainda algo acadêmica, como dizíamos, se bem que muito bela. Três anos depois, surge a segunda, agora já com um daqueles movimentos lentos de tanta contemplação, saudade, distância... Beethoven encontra-se a si mesmo, apesar da doença ou por causa dela, ninguém sabe. Mas antes disto há um momento crucial, em que parece querer despedir-se da vida. Em Heiligenstadt, antes uma aldeia e hoje já um arrabalde da grande Viena, escreve, em outubro de 1802, o famoso testamento a seus irmãos. Este é o documento de uma enorme solidão interior, de um abandono que sentia mais no coração do que exteriormente.

A trajetória de Beethoven é muito interessante e por isto existem tantas biografias, que enfocam sua vida das mais distintas formas. Tudo o que se possa especular sobre o sentido do testamento de Heiligenstadt, no entanto, parece supérfluo, por falta de elementos mais concretos. Torna-se evidente que não adotou uma atitude de resignação, mas, ao contrário, tomou a decisão heroica de vencer na vida, de seguir seu trabalho e sua missão, que havia compreendido em tal momento.

É esse o aspecto humano mais profundo na ética desse grande mestre, que deu origem mais tarde a tantas interpretações sobre sua personalidade, titânica e heroica para os espíritos românticos, que resultaram em lendas, glorificação e exageros. Certo é que o caminho de sua vida foi dirigido para dentro, uma interiorização de todas as experiências, já pelas consequências da progressiva surdez.

Se Beethoven tivesse falecido nessa idade, não saberiamos hoje muita coisa sobre ele. Naqueles tempos, os músicos tocavam e produziam composições inéditas para uso prático e concreto. Não surgira ainda aquele mito do artista genial, de extremada autoestima, que anseia pelo reconhecimento glorioso e generalizado da Humanidade. Tampouco existiam especialistas ou doutores em música, que quase sempre vivem da investigação ou de comentários, portanto só na periferia das coisas. Beethoven começou como um virtuoso em seu instrumento, o piano, chamou a atenção do mundo musical e assim foi sendo convidado a ingressar nos meios mais distintos de Viena.

A dedicação à composição era algo natural e necessário, pois nenhum virtuoso deixava de compor. A composição tornou-se o aspecto central da vida do mestre somente a partir de sua problemática auditiva, o que não deixa de ser um paradoxo.

Há documentos que comprovam a qualidade da arte de Beethoven no piano. Em um relato publicado em um revista de Londres, Carl Czerny, seu aluno, escreveu: "Sua improvisação era brilhante e impressionante no mais alto grau; independente do meio em que se encontrava, sabia produzir tal impressão em cada ouvinte que ninguém podia ficar indiferente e até o pranto era frequente, pois havia algo de maravilhoso em sua expressão, além da beleza e da originalidade de suas ideias musicais. Quando terminava uma dessas improvisações, podia irromper em forte riso e mesmo zombar dos sentimentos produzidos em seus ouvintes. São tolos, dizia, sentindo-se ferido por manifestações de sentimentos. Como posso viver entre tais crianças mimadas? – foi uma de suas declarações. Só por esse motivo, como me contou, recusou aceitar um convite do rei para improvisar ao piano".

É necessário esclarecer que as improvisações eram consideradas naquela época o mais alto grau de arte no piano e não o que significa para os pianistas hoje, ou seja, tocar com perfeição as obras de outros. Foi aí que houve o real destaque pianístico de Beethoven, porque mais tarde abandonou completamente o trabalho puramente técnico de piano, em função da dedicação às composições. Não há dúvida de que a surdez teve a maior importância em todo o processo.

Em 1814, quando Beethoven já contava 44 anos, o compositor e violinista Louis Spohr descreveu a maneira de tocar do mestre, que já só o fazia em casa e para as pessoas mais chegadas a ele. Apesar da grande veneração que tinha por Beethoven, Spohr deu-se conta de que a surdez produzia seu efeito negativo: "Um prazer já não era o que se ouvia; em primeiro lugar, o piano tinha uma desafinação terrível, que nem importava a Beethoven; depois, a surdez fizera com que quase nada mais restasse do antes tão apreciado virtuosismo do artista. No *forte*, o pobre surdo batia de tal forma nas teclas que as cordas tiniam; no *piano*, tocava tão delicadamente que nem se escutavam passagens inteiras".

Tudo isto faz pensar na decadência do artista, o que é um equívoco, pois seu mundo nunca parou de evoluir, mas para dentro, como provam as composições. É um fenômeno sem par, mas é real. O citado músico Carl Czerny, que todos os alunos de piano de hoje conhecem por seus inúmeros exercícios, dizia em 1812: "Estudei muitas coisas com ele e corrigia com a máxima exatidão, tão bem como dez anos antes".

A partir de um determinado momento, Beethoven realmente tomou uma firme decisão em relação ao destino. É interessante notar que, em uma idade em que Mozart está em seu máximo vigor criativo e a morte já vem a seu encontro, com cerca de 35 anos, Beethoven recém começa sua verdadeira grande obra, como se a surdez fosse uma espécie de incentivo e impulso. A sinfonia número seis, denominada *Pastoral*, é uma descrição tranquila de sentimentos da vida no campo e nos bosques, tudo isto do ponto de vista da natureza idílica e equilibrada que circundava Viena. Beethoven era um homem que amava profundamente a natureza e dedicava às vezes muitas horas diárias a passeios pelos arredores da cidade. No verão, não permanecia em sua residência de Viena, mas se mudava para cidadezinhas próximas, que têm nomes tão sonoros como Mödling, Baden, Schönbrunn e Heiligenstadt.

Aliás, a história das mudanças de endereço de Beethoven é uma das mais interessantes e características de sua personalidade inquieta. Serve para conhecer seus hábitos e para ver que foi em tantos aspectos um homem bastante deste mundo, apesar dos pesares sempre disposto a brincadeiras, às vezes interrompidas por ataques de ira. É claro que não interessa julgar esse homem por isto, porque o importante é a sua obra.

Beethoven foi inquilino em mais de 50 residências em Viena e arredores. Em algumas despediu-se para voltar mais tarde, em outras nem se deu trabalho de se despedir. Em quase todos os casos há conflitos com empregados, cozinheiras, vizinhos e proprietários.

Ainda por volta de 1800, quando suas condições financeiras periclitavam, Beethoven não conseguira nem reunir o dinheiro para pagar o aluguel. Seu amigo Amenda, mais prático, teve a ideia de obrigá-lo a trabalhar com o fim de conseguir meios para que não fosse despejado. Deu-lhe um tema musical, encerrou-o por três horas em seu quarto de trabalho e suplicou que compusesse uma variação sobre tal tema. Logo estava cumprida a tarefa, não uma, mas várias variações. Amenda ofereceu a partitura ao proprietário para que a negociasse com uma editora de música. O proprietário aceitou e voltou mais tarde muito satisfeito, perguntando se não haveria mais papéis semelhantes como pagamento do aluguel...

Como vivia só e queria cozinhar, sem ter a capacidade de fazê-lo, Beethoven dependia de que alguém lhe fizesse a comida. Comia em casa ou ia a um restaurante. Suas desavenças com todos os tipos de empregados domésticos eram patéticas e teatrais. Tendo despedido uma cozinheira, decidiu cozinhar ele mesmo e, pior ainda, resolveu convidar amigos para a ceia. Foi uma experiência única: as visitas se dedicaram quase que só às frutas e ao vinho, porque o resto estava com um aspecto terrível, impossível de ser saboreado. Somente o próprio cozinheiro apreciou o que havia servido...

Normalmente alimentava-se de forma simples. Tinha preferência por *macarroni* com queijo parmesão. As quantidades não eram pequenas. Cuidava muito da qualidade, era meticuloso e desconfiado. Antes de comer, costumava diante de todos cheirar primeiro os ovos, colocá-los contra a luz e então misturá-los com a sopa. Eram funestas as consequências nos casos em que os ovos não estivessem a seu gosto. Há relatos de que muitos ovos voaram para fora da janela, alguns atingindo alvos inesperados, com consequências desagradáveis, quando não eram arremetidos diretamente contra a cozinheira.

Geralmente Beethoven não tinha horários fixos para as refeições, em vista de seu trabalho ou também por seus longos passeios. Exigia que a comida fosse colocada toda de uma vez sobre a mesa, para evitar ver a cozinheira mais seguido, de maneira que alguns convidados tinham que contentar-se com pratos totalmente frios, já que suas conversas à mesa prolongavam-se indefinidamente. Preferia vinhos suaves e tinha aversão por vinhos pesados. No verão, tomava grandes quantidades de água mineral.

As visitas comentavam que Beethoven vivia em meio a "impressionante confusão". Livros e partituras estavam espalhados por todos os cantos. "Aqui restos de uma comida fria, lá garrafas em parte sem abrir, em parte pela metade ou quase sem nada; sobre uma estante estava um papel com alguns riscos ou com o esboço de uma nova composição, ao lado outros restos ainda do café da manhã; sobre o piano várias folhas de música, o trabalho em uma sinfonia, ao lado delas outra obra em que estava fazendo correções; no chão havia cartas de editoras e de diversas pessoas, pendurado na janela um legítimo *salame veronese*..." – relatou uma delas.

Suas inúmeras mudanças faziam com que nem chegasse a abrir muitas caixas e malas. Uma pessoa que o visitou deixou escrito: "...o aspecto de sua residência é impressionante: no primeiro quarto, dois ou três pianos de cauda, todos sem pernas e postos no chão, malas, dentro delas suas coisas amontoadas, uma cadeira com três pernas; no segundo quarto, sua cama, que no inverno como no verão tinha um saco de palha e uma colcha fina por cima; uma pia, uma mesa, pijamas no chão..."

Para concluir, nada melhor do que o relato do famoso compositor Carl Maria von Weber, que o visitou em 5 de outubro de 1823: "Encontramos o compositor finalmente em um quarto ermo, quase pobre. Grande desordem, partituras, dinheiro, roupas no chão, roupa amontoada sobre a cama. Um piano de cauda, que estava aberto, cheio de pó, louça quebrada sobre a mesa... Beethoven estava vestido com um roupão sórdido, rasgado nas mangas..."

Em Heiligenstadt, onde esteve hospedado na primavera de 1802, houve um daqueles típicos episódios tragicômicos quando o inquilino do andar de baixo protestou pelas grandes manchas de umidade que apareciam no teto. Depois de várias horas de trabalho em suas composições, Beethoven sentira a necessidade de refrescar-se e, sem muita preocupação com as consequências, despejara baldes de água sobre sua cabeça. E o vizinho que aguentasse as consequências do, digamos, "calor interior" do gênio. Outra vez fez vir um pedreiro para derrubar uma parede que o molestava, sem qualquer consulta ao proprietário da casa...

Beethoven era também um amante da natureza. Tudo o que amava era elevado e grande. Em dias ensolarados, saía de casa já antes do amanhecer. Não se importava muito por ter uma vestimenta elegante; usava em geral um fraque azul, conforme a moda da época, com botões de latão, calças claras no verão, um chapéu grande, às vezes cartola. Mesmo assim, não se importava em deitar-se debaixo de árvores e contemplar o céu durante várias horas. Sobre isto, assim deixou escrito: "É como se cada árvore falasse comigo. O encanto do bosque, quem pode expressar tudo isto? Doce serenidade do bosque!" Outra vez comentou: "Como estou feliz por poder andar entre arbustos, bosques, árvores, rochas. Ninguém pode amar a terra tanto como eu. Se os bosques, as árvores, as rochas concedessem a ressonância que o homem deseja..."

Nas proximidades de Viena, os camponeses já se haviam acostumado com a presença desse homem solitário e tão diferente dos demais. Sua necessidade de fugir do seu ambiente de trabalho, como compensação pela força descomunal de concentração que aplicava em sua criação, levava-o a atitudes estranhas para os demais. Um dia saiu às pressas para passear, sem preocupação por vestir-se de maneira mais ou menos condizente, esqueceu o chapéu e foi meditar. Cheio de inspiração, caminhou pelos campos até o cair da noite. Não sabia nem mais onde se encontrava, estava cansado e sujo, começando a olhar com curiosidade para dentro das casas já iluminadas. Alguns moradores da região alertaram a polícia e ele foi detido. Alegava ser Beethoven, com o que só produzia observações irônicas dos polícias, porque "assim não é o aspecto do mestre Beethoven". Foi necessária a presença de um diretor musical da localidade de Wiener Neustadt, por onde andava, já à meia-noite, para que fosse identificado e posto em liberdade. Foi acolhido então com toda amabilidade e levado em carruagem oficial para Baden, onde residia no momento, enquanto que o prefeito desculpou-se várias vezes pelo equívoco.

Seus horários de trabalho não eram metódicos. Quando vinha a inspiração, sentava-se ao piano e começava a tocar, às vezes com intensidade impressionante. Isto podia seguir por várias horas, mesmo além da meia-noite, ou antes do nascer do sol. Podemos imaginar os conflitos com os vizinhos... Depois de cada caso, Beethoven prometia portar-se melhor, mas seu trabalho assumia proporções energéticas imprevisíveis e os problemas recomeçavam. Não dispensava o humor, como vimos, tanto no contato com as pessoas como no que escrevia, com autoironia: *Miser et pauper sum* ("Sou pobre e miserável").

Em geral, só com muitas reservas recebia visitas. Sua fama propagou-se rapidamente e não podia trabalhar se não procurasse distância de todos os demais seres humanos. Encontrá-lo era uma questão de sorte e seu humor bastante variável. Muitos visitantes vinham com a melhor das intenções e respeito, mas as visitas de surpresa eram em geral um distúrbio para Beethoven e acabavam mal, se é que se concretizavam. Assim ninguém menos importante que o Príncipe Lichnowsky teve em uma oportunidade que esperar muito tempo até que o compositor pudesse interromper o que estava trabalhando para recebê-lo. No fundo, apreciava o contato com as pessoas, mas sempre fez tudo depender do seu trabalho, como todos os artistas. Ele tinha, como se diz "consciência de sua missão".

Sendo o piano o instrumento central e vital para Beethoven, é natural que grande parte de suas composições tenha sido dedicada a esse instrumento. A base de suas criações para o piano foram as sonatas, trinta e duas no total. Costuma-se reconhecer três fases nessa produção, uma inicial, ainda ligada aos modelos da época, outra central, na qual encontra claramente seu estilo próprio e único, e uma final, em que chega a setores sonoros quase incompreensíveis aos ouvintes. Mas esta classificação é por demais acadêmica e não leva em conta a enorme originalidade de todas as obras. Se fosse possível uma classificação, então teríamos diversas fases e não apenas três. O que é certo é que as sonatas para piano são durante a vida do compositor uma espécie de diário musical, um roteiro onde reconhecemos o percurso de seu desenvovimento artístico. As sonatas para piano foram seu campo de batalha.

Importantes obras para piano são também as *variações* sobre temas diversos, próprios ou de outros compositores. Ele era um mestre incomparável na técnica de *variar*, o que na composição musical é o processo de transformar e desenvolver melodias, temas, ritmos e harmonias. Grandes e importantes obras são os cinco concertos para piano e orquestra, magníficas composições nas quais o brilho do instrumento solista se alterna com o brilho da orquestra. Mas não só o piano desponta como solista em concertos, pois o mestre nos presenteou com uma das mais belas criações musicais que conhecemos, o seu *Concerto para violino e orquestra*, uma obra única, madura e cheia de elementos melódicos divinos. Há ainda o belíssimo *concerto tríplice para piano, violino, violoncelo e orquestra*. Sua música de câmara é importante e maravilhosa: vejam-se, entre outras, suas sonatas para violino e piano e as para violoncelo e piano, os trios para violino, violoncelo e piano, os quartetos de cordas e tantas outras combinações de instrumentos. Ao lado das nove sinfonias temos uma única ópera, *Fidelio*, música cheia de tensão dramática e de mensagem humana.

Beethoven dedicou-se com uma grande carga de emoção à sua *Missa solene*, já pertencente ao grupo das últimas composições. O *Kyrie* dessa grande obra trazia como observação: "Veio do coração, deve dirigir-se aos corações." No fim da Missa encontramos outra vez palavras de interiorização: "Súplica por paz interior e exterior". Tudo isto criado em meio às confusões domésticas mencionadas, não esqueçamos. O próprio manuscrito do *Kyrie* esteve desaparecido, por sinal, e causou sensação quando foi encontrado em uma cozinha, junto a outros papéis de embrulho... Por isto disse ao amigo Schindler: "Nunca tão grande obra de arte surgiu sob condições tão adversas na vida como esta *Missa solene*".

Eram os dias de uma vida de muito trabalho e sofrimento, devido aos problemas de sua enfermidade. A surdez talvez nunca foi total, mas não há certeza, apesar do grande número de especialistas que investigou posteriormente o assunto. Usava os chamados "cadernos de conversação" a partir de 1818, quando tinha 48 anos, porque quase já não ouvia. Existem 137 cadernos e faltam presumivelmente 264, pois calcula-se que eram 401. Em uma nota de um destes cadernos está escrito que seu ouvido esquerdo ainda se conservara bastante bem, exatamente por deixar de usar muito cedo aparelhos de audição.

A história da surdez de Beethoven o fez aparecer como um mártir. Sua saúde, no entanto, foi em geral problemática e não só a surdez o afetou tragicamente. É certo que a importância da surdez para o desempenho da música foi o que decidiu sua mudança de atitude em relação ao mundo. A obra artística de Beethoven é o fator central para entender esse fenômeno, pois não podemos deixar de pensar no que realizava no momento em que encaramos a sua vida pessoal, como todas essas anedotas que contamos, as de suas residências, os passeios, mas também seu desejo de casar-se, por exemplo, seu empenho pelo amor e a felicidade também aqui na terra, que não foi pequeno. A história de seus amores seria um assunto para um livro à parte.

Houve uma metamorfose em um ser que resolvera sua equação vital, pois a reconheceu no momento justo e não deixou de aproveitar suas chances, ou seja, seu talento e o que o mundo lhe dava. Vale a frase de Goethe: "Do poder que une a todos os seres, libera-se o homem que se domina".

Não existe uma opinião unânime mesmo na literatura especializada sobre a causa da enfermidade na audição de Beethoven. Acreditava-se em geral em neurite e atrofia do *nervus acusticus*, consequências infecciosas, tuberculose, atuação alcoólica tóxica, otosclerose, otite crônica e labirintite; além disso, como se fosse pouco, atribuia-se tudo à influência da sífilis.

Beethoven refere-se a permanentes chiados que começaram no ouvido esquerdo. E ao fato de ouvir os sons melhor que as palavras, o que também nos faz refletir. Quando alguém gritava, era-lhe um suplício. O músico Ferdinand Ries comentou que notara diminuir a capacidade auditiva do mestre durante um passeio em que um pastor de ovelhas tocava lindas melodias com um flauta, o que passou desapercebido a Beethoven.

Ao lado de tais problemas, sabe-se que ele sofria de diarreia crônica, com febre e cólicas frequentes. Além disso, era míope (-4 e -1,75 D) e teve, a partir de 1823, complicações com a visão. E sempre menciona o abdômen, quando se refere a problemas de saúde. Há menções também a hidropisia e icterícia. Em suma, demasiadas coisas para uma só pessoa.

Há um relatório extenso da autópsia, que serve de base a muitas especulações. Por duas oportunidades foi exumado, em outubro de 1863 e em junho de 1888, quando o esqueleto foi transportado para o Novo Cemitério Central de Viena. Hoje pode-se contemplar nesse cemitério, que é um grande parque, uma sequência de túmulos de personalidades musicais importantes de Viena: um Parnaso, mas sob a terra. Ao lado ou perto de Beethoven estão os túmulos de Brahms, Schubert, da família Johann Strauss, Mozart (só simbólico, porque não foi enterrado nesse lugar) e tantos outros. O aspecto do fígado registrado na autópsia parece confirmar a causa final da morte como sendo de cirrose (*coma hepaticum*). Para se chegar a um denominador comum e encerrar de vez a história medicinal desse ser humano, conclui-se que a surdez foi um sintoma e a causa foi *lues connata* (sífilis congênita). Alegam-se para tanto as modificações ósseas no crânio, verificadas nas exumações.

As últimas composições de Ludwig van Beethoven são obras quase proféticas e anunciam todo o mundo do posterior Romantismo. Têm importância especial as últimas sonatas para piano, a partir da *opus* 101, as *Variações sobre um tema de Diabelli*, a *Missa Solene*, a *Nona*, sua última sinfonia, que inclui solistas e coro no movimento final e, enfim, os últimos e grandiosos quartetos de cordas. Era uma etapa em que já há muito se transformara em filosofia, o que antes era música.

O último movimento do *Quarteto de cordas em fá maior, opus 135*, sua última composição, traz como anotação estranhas palavras, que são uma pergunta e duas vezes a mesma afirmação positiva. "Tem que ser assim? Tem que ser! Tem que ser!" (*"Muss es sein? Es muss sein! Es muss sein!"*)

Era o fim de um duro caminho, marcado pela mensagem de um gênio para os demais homens: a mensagem de alguém superior e comprometido apenas com a verdade. Quando retirou a dedicatória da *Terceira Sinfonia* a Napoleão, rasgando a folha da dedicatória, declarou: "Ele não é diferente de um homem comum! Agora pisará com os pés os direitos humanos, só cultivando sua ambição. Colocar-se-á mais alto que todos outros, será um tirano".

No dia 26 de março de 1827, entre as 4 e 5 horas da tarde, morreu Ludwig van Beethoven em Viena, na casa que ficou famosa e que se chama, em alemão, *Schwarzspanierhaus* (casa do espanhol negro). O compositor Anselm Hüttenbrenner, o único que estava com o moribundo, escreveu em suas memórias: "... quando as massas de nuvens cada vez mais encobriam a luz do dia, desabou um violento temporal com granizo e neve. Um raio iluminou o quarto. Depois desse inesperado evento da natureza, Beethoven abriu os olhos, levantou a mão direita e, com o punho fechado, olhou firme e com um semblante sério por vários segundos em direção às alturas. Quando baixou outra vez a mão sobre a cama, seus olhos se fecharam pela metade. Nenhuma respiração mais, o coração parava de bater. O gênio do grande mestre da música despediu-se deste mundo de ilusões para o reino da verdade..."

Ainda nos últimos dias, em que já havia desaparecido a esperança dos médicos que o amparavam, Beethoven fora visitado por diversas personalidades. Era o fim de um grande homem. Segundo se conta, o sacerdote que o atendeu em seus últimos momentos teria ouvido o moribundo dizer: "Plaudite amici, comoedia finita est" (Aplaudam, amigos, a comédio terminou).

Depois disto, quase nada mais disse ou pôde dizer. Seu testamento foi claro: seus pertences foram leiloados em 5 de novembro de 1827, resultando a quantia de 1440 florins, que seriam hoje cerca de mil dólares. Vinte mil pessoas seguiram o féretro, entre as quais Franz Schubert, ao som de sua marcha fúnebre *Sulla morte d'un heroe*, além do *Requiem* de Mozart.

JOHANNES BRAHMS

AS IDEIAS PONDERADAS
DE UM ROMÂNTICO
Johannes Brahms

Entre as últimas composições de Ludwig van Beethoven encontram-se várias séries de pequenas peças para piano que receberam o nome singelo de *Bagatelas*. Um homem que produzia obras de configuração formal tão ampla e definida, como sonatas, sinfonias e quartetos de cordas, dedicava-se em seus últimos dias, entre outras coisas, a criar e juntar pequenas peças livres, que ele mesmo muito estimava. Hoje em dia consideramos justamente esse tipo de obras como do mais alto valor, porque demonstra a essência do tão importante período final de Beethoven, profético em todos os sentidos, pelo fato de anunciar o Romantismo, o novo estilo que aparece no horizonte. No entanto, algumas destas coleções, as *Bagatelas opus 119*, foram inclusive devolvidas ao mestre por editores, por falta de interesse em publicá-las.

A forma musical é sempre um modelo, um esboço arquitetônico que serve para delimitar a expressão de um compositor. É muito reduzido o que se criou em matéria de sonatas depois de Beethoven. Deu-se preferência a outros setores: por um lado, às pequenas formas, semelhantes em sua expressão às mencionadas *bagatelas*; por outro, às de maiores proporções, em direção ao gigantesco. Neste último caso, Beethoven indica o caminho com sua *Nona sinfonia*. Hector Berlioz foi o representante francês que soube desenvolver os novos efeitos dos instrumentos e sua atuação em conjunto, na orquestra. A ópera romântica de Richard Wagner seguiu também por essa via.

No caminho inverso, porém, encontramos desenvolvimento mais amplo tanto na música para canto como na instrumental. Franz Schubert conviveu com Beethoven em Viena, apesar de o contato entre eles ter sido insignificante. Sua curta vida, de apenas 31 anos, limitou a produção, porque compôs maior quantidade de obras que grande parte dos compositores mais conhecidos. Incluindo as formas clássicas: sonatas, quartetos e sinfonias. Neste ponto é clássico, mas sua expressão já vai por novos caminhos, que indicam a chegada definitiva do que chamamos de *Romantismo*.

Nascem com ele os *Lieder*, que são canções para uma voz, com o acompanhamento de piano. O *Lied* (em alemão significa *canção*, pronúncia *li-d*) designa a canção artística, trabalhada e inventada, contendo uma parte de acompanhamento que não se limita a mero apoio harmônico. Esta é a diferença básica da simples canção popular, de caráter folclórico. Como compositor de tal gênero, Schubert conquistou o apreço de um pequeno grupo de entusiastas e de seus amigos, mas de nenhum público maior. Quando morreu, não poderia imaginar e crer que seu nome seria sempre lembrado como um dos pilares da música ocidental.

Além de sonatas, Schubert compôs peças não muito longas para piano, que simplesmente intitulou de *momentos musicais* ou *improvisos*. O nome aqui nada diz sobre a forma, como as *Bagatelas* de Beethoven. Não se trata de títulos que designam a forma, como sonata, fuga ou sinfonia. Não dizem nada sobre o que é a composição, em geral nem sequer sobre o seu caráter. Pois que vem a significar um "improviso" que não é improvisado, mas uma composição composta com todos os detalhes da técnica de escrever música? E o que sugere a expressão *momento musical*?

Na verdade, tais peças representaram uma novidade, muito livres em sua configuração estrutural. Constituiram, mais tarde, a base de todo um tipo de música no século XIX. A música começava a ser interessante por si mesma, sem maior configuração dramática e sem levar em conta acurado desenvolvimento técnico. Em geral encontramos em tais formas uma parte principal, no começo, seguindo-se uma parte intermediária, com algum contraste, depois outra vez a primeira parte, que é repetida mais ou menos de modo literal. O músico denomina estas partes segundo os blocos diferentes de A-B-A. É a forma de grande parte das canções artísticas, isto é, do *Lied*.

O essencial dessas pequenas composições é seu aspecto lírico. São agradáveis, simplesmente belas, em geral com um tema fácil de ser reconhecido e entendido.

Podem estar reunidas em um grupo ou ciclo, cujo título global será tão vago como o de cada peça. Está aqui a base de uma infinidade de composições que dominam a música instrumental do século XIX.

Essas peças características e livres tiveram títulos poéticos, alguns muito criativos: Felix Mendelssohn-Bartholdy criou as *Canções sem palavras*, diversas obras breves de caráter diverso; Frédéric Chopin compôs os *Noturnos*, os *Improvisos*, as *Baladas* e também as danças estilizadas, como valsas, polonesas e mazurcas. Robert Schumann escreveu seus famosos ciclos de piano, em que pequenas composições se reunem em conjuntos que receberam títulos como *Carnaval, Cenas do bosque* ou *Cenas infantis*. O norueguês Edward Grieg compôs *Peças líricas*. Johannes Brahms, outro romântico, criou *Caprichos, Fantasias* e *Intermezzi*.

Até o fim do século XIX segue-se essa prática de escolher títulos poéticos para pequenas composições características. Os compositores descobrem a individualidade e a vida privada. Franz Liszt inventou os *Sonhos de amor* e as *Consolações*; Claude Debussy, já no estilo mais moderno que denominamos *impressionista*, escolhe para seus pequenos *prelúdios*, cuja denominação é um tanto vaga, títulos ainda mais originais, como *Les sons et les parfums tournent dans l'air du soir, La terrasse des audiences du clair de lune* ou a original e nebulosa *Cathédrale engloutie*.

O princípio dos românticos, como movimento geral nas artes e na literatura, foi uma espécie de reação ao racionalismo do século anterior. Os clássicos anteriores, imbuidos de um espírito que buscava seus modelos em parte na Antiguidade, tinham uma visão humana em grande escala, global e generalizadora, como que válida para toda a Humanidade em conjunto. Não é acaso que surgem os *movimentos pelos direitos humanos*, como os da Constituição dos Estados Unidos da América do Norte por Jefferson, em 1776, ou os da Declaração dos direitos humanos e dos cidadãos, da Revolução Francesa, em 1789. Os românticos, por seu turno, fomentam aspectos e elementos de suas culturas nacionais, próprios de suas terras natais.

Com isto, surgem na música as escolas chamadas "nacionalistas". Chopin leva para Paris o espírito da Polônia, os tchecos Bedrich Smetana e Antonin Dvorák incluem em sua música elementos folclóricos que a tornam tão característica e inconfundível. O ciclo *Minha Pátria*, de Smetana, é um exemplo típico desse gênero musical.

O termo *romântico* está relacionado ao romance literário. Na Inglaterra encontramos o termo pela primeira vez em 1650, significando algo fabuloso: *romantic* era a expressão de algo irreal, que existia apenas nos romances. Daí passou para o continente nesse contexto, tornando-se mais um rótulo de estilo nas artes, como *gótico, barroco* ou *impressionista*. Esses termos sempre foram uma espécie de crítica pejorativa.

Enfim, o romântico é ligado a sentimentos subjetivos, à concepção que vê em todas as coisas alguma projeção ao não imediato, às vezes ao infinito, ao incomensurável, ao contrário do espírito racionalista anterior, que delimitava os conceitos com decidida clareza. Entre 1810 e 1820 a palavra *romântico* começa a ter o seu significado especial em relação às correntes literárias e artísticas.

Os românticos apareceram primeiro na literatura e declaravam abertamente sua oposição aos burgueses que se estabeleciam e usavam a maneira de pensar antiga, considerada por aqueles como ultrapassada. Estes eram então denominados *filisteus*. Em 1811 o jovem literato Clemens Brentano escreveu que "os filisteus consideram natureza o que se enquadra em seu reduzido horizonte, em seu pequeno círculo de visão, se bem que melhor seria denominá-lo de quadrado de visão, pois só compreendem coisas quadradas, sendo todo o resto antinatural e exaltação fantástica". Se conhecesse o que hoje se faz, pode-se imaginar o que diria Brentano...

Em meio a todo esse movimento, que hoje podemos contemplar à distância e onde vemos o surgimento de tantas novas ideias, a personalidade do compositor Johannes Brahms aparece como um ser muito mais equilibrado que os demais românticos. Os músicos, de maneira geral, nunca foram os que mais se salientaram em tais disputas intelectuais, onde a palavra, como é óbvio, domina primariamente. Como estilo, mesmo as imagens, no caso dos pintores, adiantam-se à música, que sempre é comentarista e contemplativa e, por esta razão, bem mais tardia em todos os movimentos artísticos novos.

Brahms traz como mensagem o amor e o cultivo de um ofício musical ao qual se pode aplicar o termo francês *métier*. É o domínio de seu trabalho quase como um artesão, de extrema dedicação a suas leis intrínsecas. A arte musical deveria ser, para ele, em primeiro lugar música e depois filosofia e ilustração de sentimentos. O desenvolvimento de tudo que fazia vinha de dentro da própria música e não de fora. Era a música absoluta, muito diferente do que se denominava *música de programa*.

Os compositores de seu século apoiavam-se facilmente em ideias extramusicais e em tudo o que era pitoresco. Muito interessante é que Brahms surge em meio a tudo isto, mas pratica a música pela música, em valores absolutos. Aí está, contudo, a dificuldade de compreendê-los, para os que procuram em sua obra os mesmos elementos que existem na música de muitos de seus contemporâneos. Não olvidemos, além disso, que se tratava de uma época nada fácil para os compositores que, depois do legado de Beethoven, pretendiam avançar.

Assim compreendemos a modéstia de um Schubert, que disse um dia: "Algumas vezes, em um de meus momentos calmos de reflexão, pensei que ainda teria algum futuro; mas quem pode realizar algo depois de Beethoven?". Brahms percebe toda a seriedade do assunto ao dizer: "Compor uma sinfonia, hoje em dia, não é uma brincadeira."

Johannes Brahms nasceu em Hamburgo, no norte da Alemanha, em 7 de maio de 1833, portanto muito posterior àquele grupo de tantos românticos que parecem haver nascido sob uma influência benéfica dos astros, todos em série, por volta de 1810, como Chopin, Wagner, Liszt, Schumann e Mendelssohn. Em 1830 Berlioz estreiava em Paris sua *Sinfonia fantástica*. Em 1832 Chopin concluía seus *Estudos opus 10* e iniciava os do *opus 25*. No ano em que nasceu Brahms, Chopin compôs sua primeira *Balada em sol menor*; Mendelssohn terminava sua *Sinfonia italiana*, que já era seu *opus* 90 e Schumann andava por seu *opus* 11, a *Sonata em fá sustenido menor*.

Brahms provém do mundo simples e modesto da velha cidade portuária hanseática. O pai era músico, contrabaixista, sem ter chegado nunca a importantes postos ou a obter êxitos que chamassem a atenção de quem quer que fosse, mesmo sendo também um bom trompetista. O filho Johannes tocava já muito cedo o piano, inclusive em tavernas de marinheiros. Sua formação escolar não foi especialmente boa e viu-se obrigado assim a se dedicar por próprio interesse aos inúmeros setores que fizeram parte mais tarde da ampla cultura geral de que dispunha.

O piano foi o veículo através do qual desenvolveu sua expressão como ser humano. Brahms era sem dúvida um exímio pianista, com excelente técnica de leitura e virtuosismo, mas, no fundo, como produto de uma índole cultural ampla e não da forma com que os virtuosos de então se apresentavam. Estes brilhavam em muitos casos mais pela velocidade dos dedos e por suas acrobacias do que pela música que tocavam. Brahms se interessava pelo conteúdo musical e não pela exterioridade e pelo *show*. Os pianistas alemães até o fim da primeira metade do século XX ainda seguiram em grande parte por essa senda.

Sobre o estilo de Johannes Brahms um contemporâneo escreveu: "Ele não está entre os que estudam durante anos uma peça, a fim de apresentá-la com perfeição total e com o máximo de efeito. Talvez não tenha sempre todas as peças que toca "nos dedos", como se costuma dizer. Mas as tem na cabeça. Quando querem, toca-lhes tudo de Bach, tudo de Beethoven, Schubert, Schumann. Que importa se em certa parte se equivoca em alguma nota ou não destaca de maneira pronunciada algum detalhe ou lhe sai mal uma passagem? Ele não toca piano a fim de tocar piano, mas para tocar a obra do compositor! E isto sabe fazer bem e para tanto possui suficiente técnica. Outros, que não estão em condições, podem aperfeiçoar e dar os últimos retoques na parte mecânica; de Brahms nem se exige tais coisas."

Na cidade de Göttingen, Brahms conheceu o famoso violinista Joseph Joachim, que lhe recomendou entrar em contato com Robert Schumann. No dia 30 de setembro de 1853, Brahms visita o casal Schumann em Düsseldorf, na Renânia. Clara Schumann, a esposa do compositor famoso, era excelente pianista e foi uma das primeiras mulheres a viajar por toda parte como solista e concertista. Compôs também, inclusive em conjunto com seu marido. Clara Schumann e Johannes Brahms foram amigos durante toda a vida. A amizade durou quase até o fim do século, quando ambos morreram dentro do espaço de um ano.

Robert Schumann, por outro lado, foi decisivo na carreira do jovem Brahms, pelo enorme incentivo que lhe deu. Em artigo intitulado *Novos caminhos*, na revista em que Schumann escrevia críticas e comentários musicais, que por sinal ainda existe hoje, Johannes Brahms foi considerado o compositor que "deveria aparecer neste momento". Refere-se Schumann a seu estilo, que significaria uma continuação histórica e lógica ao dele e ao dos seus contemporâneos.

O destino trágico de seu protetor representou um grande abalo para Brahms. Robert Schumann atirou-se de uma ponte no Reno no dia 6 de fevereiro de 1854, em uma tentativa de suicídio. Era época de carnaval e muitos pensaram tratar-se de uma brincadeira. Foi retirado das águas por pescadores, o que talvez não significou salvá-lo, porque o restante de sua vida, dois anos mais, passou com enfermidade mental progressiva e em total isolamento em uma clínica de Endenich, perto de Bonn. Endenich pertence hoje à cidade de Bonn e tem um pequeno museu no imóvel que foi a última residência de Schumann.

O *opus* 1 de Brahms é uma sonata para piano, que ainda pôde apresentar a Schumann. Foi dedicada a Clara Schumann. Seguiram-se composições para os mais distintos gêneros, que no total são mais de cem. Quando contava 25 anos de idade, em 1858, Brahms esteve na cidade de Detmold, no norte da Alemanha, como diretor musical da Corte. Nessa época houve o seu único noivado, a que não seguiu o matrimônio. Brahms jamais casou, e parece ter sido uma decisão muito consciente. Como nunca compusera uma ópera, apesar de interessar-se por esse gênero, pôde comparar as duas coisas: "Com o casamento é como com a ópera. Se tivesse composto uma ópera e presenciado seu fracasso, com certeza que escreveria outra. Não posso mais decidir-me por uma primeira ópera e um primeiro casamento". Por isto disse ao violinista Joachim: "Sou livre, mas só".

Em sua cidade natal, Hamburgo, poderia ter assumido a função de maestro, mas o escolhido acabou sendo outro. Em 1862 dirige-se a Viena, que ficou sendo sua residência definitiva, a exemplo de Beethoven. Entre os anos de 1872 e 1875 foi o dirigente dos concertos da Associação dos Amigos da Música, instituição que preserva ainda hoje suas fortes tradições. Contudo, depois disto, viveu como artista livre e independente. Mozart havia tentado essa forma de vida, mas não teve êxito. Na mesma cidade também sucumbiu Schubert, que não teve outra alternativa do que viver sem função oficial, dependendo da família e dos amigos.

Viena não era garantia de vida fácil para um músico. Beethoven foi um dos poucos que logrou vencer materialmente, mas só depois de duras lutas que favoreceram a criação de novas condições sociais para a classe dos músicos, as quais, contudo, já parecem ter sido perdidas em larga escala, pelo triunfo do academismo, do intelectualismo, do sindicalismo, do materialismo e da acomodação dos próprios músicos.

Mas Brahms não teve problemas pecuniários. Muitas vezes ajudou parentes e jovens artistas e deu concertos beneficientes. Era modesto em sua maneira de viver. Quase todo o tempo ficava em Viena, para trabalhar em suas composições. Durante o verão, viajava em geral a regiões vizinhas. Foi também objeto de homenagens muito longe das cidades onde atuou no decurso de sua vida. Em 1877 a Universidade de Cambridge lhe ofereceu o título de doutor *honoris causa*. Dois anos depois foi objeto da mesma distinção em Breslau, para o que compôs a conhecida *Abertura festiva acadêmica*. Mais tarde recebeu o título de cidadão honorário de sua cidade natal.

Apesar da aceitação de sua música em escala que poucos conseguiram durante a vida, Brahms nunca teve ilusões. Suas obras não foram acolhidas com muito entusiasmo ou de maneira fantástica e mesmo polêmica, como as de Wagner ou de outros românticos. Houve correntes em torno desses dois compositores, as quais geraram uma espécie de antagonismo ideológico. Mas foi mais um assunto polêmico de intelectuais e críticos do que de músicos, muito menos dos dois implicados, porque não tiveram nunca inimizade ou desprezo mútuo; pelo contrário, pois um apreciava as obras do outro. As discussões tiveram lugar em plano muito inferior àquele em que se movimentam esses dois mestres.

É interessante notar ainda que Brahms, apesar do reconhecimento recebido, considerava-se muito menos importante na História da Música do que outros compositores. Dizia mesmo que, depois de sua morte, seu lugar seria mais ou menos comparável ao de Cherubini, um compositor clássico-romântico italiano, hoje muito menos valorizado que em seu tempo. Com esta modéstia, subestimou sua posição histórica, pois hoje é tido como o terceiro dos grandes "Bes" da música alemã, ao lado de Bach e Beethoven.

É verdade que a música de Brahms não tem nada de patética e extravagante. Não desperta a atenção pela exterioridade e, ao inverso, tende a fechar-se em relação ao ouvinte. É este que tem de procurá-la. Quando a encontra, finalmente, não pode mais deixar de querê-la, porque encontra um enorme tesouro.

Brahms também é, por assim dizer, muito compacto em sua mensagem, pois não utiliza muitos elementos para dizer sempre a mesma coisa. Diz uma vez e basta. É do caráter mais reservado e discreto dos nórdicos. Para o ouvinte menos acostumado a essa linguagem musical, o caminho para a apreciação de suas obras é talvez lento, se bem que Brahms não deixe de ser acessível pelos meios com que se comunica. É, inclusive, bastante convencional, com formas que vêm ainda do Classicismo. O melhor é escutar muito Bach e Beethoven, para encontrar o rumo em direção a Brahms.

Brahms não utiliza meios harmônicos tão audazes quanto Wagner, ainda que dominasse a técnica de composição como poucos. É um compositor que "trabalha" a música, a partir de elementos muito simples. A característica da música de Brahms é que, uma vez comprendida, não chega nunca mais a saturar o ouvinte, porque não se desgasta, devido a seu bom e sólido material. Diz-se que Brahms destruiu e queimou grande parte de suas obras, com os quais não estava satisfeito. Ele mesmo declarou que "aquilo que se chama de invenção é um pensamento real, por assim dizer uma inspiração de origem superior, isto é, sem influência de minha atividade. A partir do momento em que recebo tal presente, tenho que transformá-lo, através de meu trabalho incessante, em minha propriedade, adquirida legalmente. Isto não precisa ser de imediato. Com as ideias é como com a semente: segue desenvolvendo-se inconscientemente no interior..." São palavras sábias, ponderadas e modestas de um grande artista.

Entre as composições de Brahms, os dois concertos para piano e orquestra são de grande significado, com características sinfônicas. A orquestra possui uma função quase central e não apenas de mero apoio instrumental para o solista. *O Concerto para violino e orquestra* e o *Concerto duplo para violino e violoncelo e orquestra* são também obras-primas do gênero e estão entre as mais apreciadas e importantes desse mestre.

Ainda bastante jovem – tinha 35 anos –, compôs o *Requiem alemão*, cujo nome provém dos textos em língua alemã, que não são da Missa dos Mortos da liturgia católica, mas da Bíblia, escolhidos por ele. São partes muito significativas, entre as quais estão trechos do Sermão da Montanha e as Bem-aventuranças. No terreno da orquestra sinfônica, sua produção não começou com uma sinfonia mas com uma grande obra de variações para orquestra: são as *Variações sobre um tema de Haydn*. O tema, o *Coral de Santo Antônio*, foge aos moldes das frases musicais acadêmicas de quatro compassos, porque tem um número irregular e quase nunca encontrado em outra parte: cinco.

Aos 43 anos, Brahms compôs, enfim, sua primeira sinfonia, que por seu caráter foi denominada de "décima sinfonia de Beethoven". Apesar de ter composto depois apenas mais três, suas sinfonias revelam um mundo rico em inspiração e com um esmero técnico que quase não encontra paralelo em sua época. Existe entre os músicos grande admiração por sua música de câmara, que reúne diversas obras importantes, como os quartetos de cordas, o quinteto para clarinete e cordas, os trios, os quartetos e o quinteto de piano e cordas, as sonatas com acompanhamento de piano para violino, para violoncelo e clarinete e tantas outras obras. São mundos que cada ouvinte tem de conquistar aos poucos, como seus *Lieder*, as tantas canções em que é um legítimo seguidor de Schumann, enquanto que este, por sua vez, foi continuador da arte schubertiana.

O piano sempre ocupou uma posição central na vida Brahms, se bem que suas obras para este instrumento solo não se caracterizem pela quantidade mas pela qualidade. Quase todas verdadeiras obras-primas, muito individuais em seu caráter, são as *fantasias, rapsódias, caprichos* e *intermezzi*. Em sua maioria, trata-se de obras terminadas pelo já velho Brahms, com toda sua sabedoria e simplicidade. Há em cada uma dessas composições muita essência forte de música, belas melodias, harmonias e ritmos e, enfim, mensagens legítimas do melhor que existe em música. Não é música para milhões de ouvintes indiferentes, mas para individuos já habituados com certa cultura musical. Certamente estão essas obras entre o que de mais profundo se compôs até hoje para o instrumento.

Brahms apreciava muito a paisagem ao redor de Viena e, a exemplo de Beethoven, não deixou de desfrutá-la em inúmeros passeios, a que a paisagem europeia convida nestas regiões, como forma de vida individual e filosófica. Deixou crescer a barba com os anos e assim o contemplamos em algumas fotografias dessa época. Em uma delas vê-se o artista sentado e quase estirado sobre o piano, fumando um enorme charuto. Tinha boa saúde e não desprezava a cerveja.

Com 56 anos, a idade em que morrera Beethoven, fez com toda a calma seu testamento. Acompanhou o sepultamento de Clara Schumann em maio de 1896, em Bonn, mas então já eram evidentes os sinais de uma enfermidade. O que considerara uma "simples icterícia burguesa" foi na realidade um câncer do fígado, que já havia sido a causa da morte do pai. Não alcançou o novo século. Morreu em 3 de abril de 1897 na capital austríaca e está enterrado em lugar simbólico, junto aos clássicos vienenses, sobre os quais sua obra sempre se apoiou.

DÚVIDAS, DÍVIDAS, VIAGENS, VIVÊNCIAS E O FANTÁSTICO DRAMA MUSICAL ROMÂNTICO

"NÃO ESCREVO MAIS SINFONIAS."

Richard Wagner

"Quando tinha apenas onze anos de idade, queria ser poeta, segundo o exemplo dos gregos. Esbocei uma grande tragédia, composta, mais ou menos, de uma combinação de *Hamlet* e *Rei Lear*, de Shakespeare. O plano era grandioso. Quarenta e duas pessoas morriam durante a peça. Quando escrevia a obra, tinha que fazer voltar a maioria como espíritos, porque de outra forma faltariam atores para os últimos atos" – disse Wagner recordando seus primeiros passos na criação de um drama.

Se hoje em dia nos referimos a um estilo musical romântico, nada de exato dizemos com tal palavra, porque um estilo romântico simples e unitário não existe. A denominação é aplicada a uma série de compositores do século XIX, a partir dos sucessores de Beethoven, e vai inclusive até o começo do século XX e algo mais adiante, de maneira modificada, terminando com uma espécie de eclipse, que põe fim a todo um idealismo nas artes e em tantos outros setores da vida.

Seria a arte um reflexo da vida? Ou a nossa própria vida e a realidade quotidiana apenas uma ilusão ou sombra, talvez o reflexo do que simboliza a arte? Seria nossa vida apenas uma vivência daquilo que as fórmulas simbólicas compreendem como *arte*? Estas questões são tão antigas quanto o pensamento humano e até agora não se conhecem respostas definitivas. Na época do romantismo, apareceram correntes artísticas em que se usava muita filosofia.

Pela diversidade que existia entre eles, todos esses compositores denominados *românticos* poderiam ter, cada um deles, uma classificação própria. Mas se queremos encontrar um que seja o tipo mais característico de todos, porque atinge um extremo e incorpora a maioria deles, devemos escolher então a figura de Richard Wagner.

É esse o homem que reflete sobre suas primeiras façanhas teatrais, é essa a personalidade *sui generis* que nos faz refletir se a vida é o que diz a arte ou o contrário, porque sua vida foi uma idealização única, em que se misturam realidade e fantasia, ou onde as duas se mostram como dois aspectos do mesmo fenômeno.

"No meu décimo sexto ano de vida encontrava-me mergulhado em um misticismo profundo. Durante o dia, meio sonâmbulo, tinha visões nas quais apareciam os sons dos acordes musicais como seres físicos que me revelavam seu importante significado. Mas o que eu escrevia só impressionava pela falta de coerência!" – disse mais tarde Wagner.

Para conhecer Wagner, temos a sorte de poder ler suas próprias palavras, porque escreveu muito sobre si mesmo, redigiu os textos de seus longos dramas musicais, produziu dissertações sobre assuntos da arte e da música e, além disso, sobre assuntos totalmente alheios a tal temática. Por fim, deixou uma autobiografia de proporções tão gigantescas quanto sua obra musical.

Não há dúvida de que foi brilhante em um aspecto básico: na teatralidade. Tudo o que fez contém aspectos teatrais, tanto a música como os caminhos de sua vida, cheios de altos e baixos, de glórias e fracassos, de elevadas emoções de alegria e de desesperada expressão de decepção.

Não nos surpreende saber, assim, que seus primeiros esforços foram dedicados à arte dramática, muito antes da música. Na verdade, as aulas de piano e violino foram bastante escassas e pobres em resultado. O piano, por sinal, tão necessário ao compositor, foi encarado por ele como um mal necessário e apenas como um meio para ajudar a escrever música para a orquestra. Sua vocação musical havia sido mesmo posta em dúvida por seu professor, um caso nada raro, na música, de equívoco quanto ao julgamento de um talento jovem. O que é único e singular não corresponde às regras comuns, que são sempre médias generalizadoras.

Richard Wagner nasceu na mesma época de outros românticos importantes. Foi em 22 de maio de 1813, em Lípsia (Leipzig), Saxônia, portanto em terras alemãs. Giuseppe Verdi, o grande monumento da ópera italiana, nasceu em outubro do mesmo ano. Em 1811 Liszt, em 1810 Schumann e Chopin, em 1809

Mendelssohn-Bartholdy. Foi como se sementes, todas diferentes entre si, houvessem sido jogadas ao mesmo tempo em terreno fértil, propício a grandes realizações artísticas. Esse caso de que um grupo de músicos importantes nasce por volta do mesmo ano repete-se algumas vezes na História da Música. Mas todos eles seguiram caminhos muito diversos, porque ideais e destinos de cada um eram muito diferentes. Só os astros andavam favoráveis em certos tempos e juntaram algumas constelações de artistas importantes.

As categorias do que se chama de *êxito*, usadas hoje para a arte, tanto no plano pessoal como profissional, são por demais marcadas pelo mundo comercial e portanto impróprias e até indignas de serem aplicadas a tais grandezas. Importante é salientar que a vida desses artistas atinge em determinado momento um ponto crucial, um *tremendum*, em que se decide sua genialidade.

Richard Wagner percorreu determinada scnda em sua vida, encerrada com um grande epílogo. Partindo de um ponto modesto, chegou – com um esforço descomunal – a um ápice que nenhum outro de seus pares atingiu em seu século. Sacrificou realmente sua vida pelo ideal artístico e sacrificou também os valores burgueses, o que lhe rendeu uma quantidade de inimigos jamais alcançada por outro artista.

Esquecendo-se ou não se podendo comprovar mais fatos de sua vida, procuram-se em suas obras elementos para atacá-lo, ainda hoje. Richard Wagner faleceu há muito mais de cem anos, mas a discussão sobre sua vida e sua obra não terminou. O caso Wagner foi investigado a partir de todos os aspectos possíveis e hoje a literatura sobre ele ocupa uma biblioteca própria: é a mais vasta que existe sobre um compositor em toda a música.

"Minha vida tem algo de muito especial. Quem a estuda bem, tem de encontrar nela, no fundo, apenas um esforço por conseguir calma e tranquilidade, e também alguma comodidade, que é necessária à criação artística. Por outro lado, o decurso exterior da minha vida mostra-se como se uma pessoa muito especial estivesse obcecada por aventuras e não pudesse ter uma vida mais intranquila e tão cheia de mudanças. Os motivos dessa aparência contraditória revelam-se logo ao observador atento como sendo de espécie ideal e real. No primeiro caso, estão ligadas à minha tendência artística especial, porque eu – exatamente por ser *compositor de óperas* –, deparo-me com o gênero artístico mais trivial de todos para minha atividade vital, e justo nele quero realizar uma obra de arte que supere todos os demais gêneros artísticos" – disse uma vez Wagner, em seu estilo grandiloquente, que está em cada linha. Ele não se limita ao aspecto musical, não segue o conselho de Mozart, que disse dever ser a poesia a filha obediente da música. Quer criar algo que abranja todas as artes, como teatro, poesia, música, declamação, canto, colorido orquestral, cenários, comédia, tragédia... É tudo, é a utopia que chamou de *Gesamtkunstwerk*, a *obra de arte global*.

O ideal wagneriano não surgiu da noite para o dia. Foi produto do esforço que os músicos românticos tiveram que fazer para sair do impasse criado por Beethoven, que com seu enorme trabalho sinfônico indicou novos caminhos, mas ao mesmo tempo muitas encruzilhadas, desvios e enigmas. Se, por um lado, os compositores-pianistas, como Schumann, Mendelssohn-Bartholdy ou Chopin, preferiram as formas breves, as peças para piano, os que se dedicaram de saída à grande orquestra não tiveram outra alternativa que seguir pelo caminho da ópera. É o caso de Hector Berlioz.

O importante violinista e compositor alemão Louis Spohr (1784-1859), muito estimado no século XIX e hoje raramente lembrado, já havia realizado trabalhos artísticos nesse sentido, ou seja, óperas e, com isto, influenciado Wagner. Mas o impulso maior partiu de outro: Carl Maria von Weber, cujo *Franco atirador* conquistara o mundo e iniciara o romantismo musical alemão, que Wagner leva à consumação. Não é de admirar, portanto, que tenha sido tão significativa a reverência prestada por Wagner a Spohr e Weber. Inclusive, no caso deste último, mandou trazer de Londres – onde morrera em 1826 – seus restos mortais e em sua memória redigiu um necrológio de rara beleza.

A *Nona sinfonia* de Beethoven representou um enigma para todos. Wagner parece ter levado mais a sério que qualquer outro a equação artística que nela está contida. Uma sinfonia em que aparecem solistas e coro foi algo totalmente inédito, além do caráter monumental e das dimensões que possuía. Justamente tais aspectos da última sinfonia de Beethoven foram os elementos em que Wagner teve sua escola. Assim é que Wagner também compôs para a grande orquestra, que ampliou consideravelmente, escreveu para cantores com enormes inovações, seguiu por caminhos harmônicos inusitados e criou, assim, partituras de elevadíssimo valor técnico, além de que são já muito lindas em seu aspecto puramente visual: Wagner tinha uma escrita musical muito limpa e estética, da qual era orgulhoso.

Mas as primeiras obras de Wagner, inclusive sua sinfonia, que ninguém mais lembra hoje, são apenas pequenos passos e nem sequer prenúncio de algo tão grandioso como o que viria depois. Compreende-se sua tomada de distância da sinfonia, uma forma que alguns românticos seguiram. "Não escrevo mais sinfonias!" – disse uma vez Wagner em uma exclamação de libertação de algo que já não podia ser superado porque não tinha mais sentido.

Wagner começou à maneira de todo regente de orquestra na velha Alemanha, como maestro preparador de cantores na ópera, para depois passar a dirigir a orquestra nos espetáculos. E depois segue de um lado a outro, acumulando experiências. Sua maneira de viver não foi à época tão extravagante, mas apesar disto faltavam os meios materiais, obrigando-o assumir compromissos que não podia cumprir. Por isto, com frequência também é obrigado a fugir e a começar de novo em outro lugar. Finalmente, dirige-se a novos mundos quando deixa a cidade de Riga, na Letônia, esse grande porto do Mar Báltico que havia sido sede alemã de bispado desde 1201.

Até mesmo a viagem foi uma grande aventura e, como todas elas em sua vida, não deixou de ter influências sobre sua obra. Viajava com sua esposa, com quem casara já com 23 anos, e também com o seu cão, de nome Robber. Este, por sinal, foi o motivo por que decidiu viajar por navio, já que uma viagem de Königsberg até Paris em carruagem seria algo impossível para o animal. Vias férreas ainda não existiam.

Assim, parte primeiro em direção a Londres, deixando o porto prussiano de Pillau. O navio se chamava *Thetis*, como a deusa marítima da mitologia grega, a mãe de Aquiles. Subiu de maneira clandestina no navio, antes do amanhecer, sem passaporte, como havia sido combinado com o capitão da embarcação, para não cair em mãos dos credores. O barco não era grande, e podia ser manejado por uma tripulação de apenas sete membros, incluindo o comandante.

Em oito dias deveriam chegar à capital britânica, pelas condições meteorológicas que se estimava para essa época de verão. Mas as calmarias no Mar Báltico fizeram com que depois de uma semana recém alcançassem Copenhague. Uma tempestade obrigou o navio a buscar refúgio em um fiorde, para o que contaram com a ajuda de um prático norueguês. A paisagem das rochas altas que circundavam o navio impressionou muito a

Wagner, e também os gritos dos marinheiros durante seu trabalho, com ecos que tornavam o ambiente ainda mais emocionante. Estavam já ali muitos elementos do cenário de sua ópera *O navio fantasma*.

Mas ainda de maior importância foi a tempestade violenta que agitou o Mar do Norte. As ondas pareciam-lhe ser montanhas e abismos e pensava que estava realmente diante de um iminente naufrágio. O destino quis que o navio sobrevivesse à tormenta; no dia seguinte, sem saber mais sua posição, o comandante pôde ainda se esquivar de bancos de areia diante da costa holandesa. Enfim, após novas tormentas, desta feita com o vento vindo do oeste e em meio aos bancos de areia ingleses, o navio entrou na desembocadura do Tâmisa, na noite de 11 de agosto de 1839. Fora sem dúvida uma viagem fantasmagórica. Mas Londres foi somente uma escala em sua viagem a Paris.

O que Wagner viveu nessa viagem até aí foi suficiente para levá-lo à decisão de compor uma ópera construida sobre essa temática. Intitulada *Le vaisseau fantôme*, *O navio fantasma*, foi concluída em Paris no inverno de 1841, cujos textos foram baseados em Wilhelm Hauff e Heinrich Heine. Wagner já os devia conhecer de seus tempos de Riga. É a história do *holandês errante*, tendo como tema central tudo o que presenciara naquela viagem.

Já na abertura, a orquestra faz-nos ouvir o vento, as ondas e o ruidoso mar. Mais do que o colorido da paisagem marítima, no entanto, encontramos a descrição dos sentimentos, de medo e aflição. A ópera estreou, finalmente, em 1843, mas em Dresden, na Saxônia, para onde Wagner voltara depois de três anos de privações e amarguras em Paris. Executada quatro vezes, desapareceu do programa, para ser ressuscitada somente vinte e dois anos depois. Wagner colocava nessa ópera uma experiência que tivera. Utilizar experiências pessoais em suas obras é uma constante em Wagner: todas suas criações têm de alguma forma algo a ver com sua vida, mesmo que seja de sua vida interior.

Antes disso, maior êxito tivera outra ópera sua: *Rienzi, o último dos tribunos*. Para nós, hoje, *O navio fantasma* aparenta ser muito clássico e não idêntico ao verdadeiro Wagner dos grandes dramas musicais posteriores. Isto se deve a que nessa época ele seguia ainda os moldes usuais das composições líricas e dramáticas de então. Tentou, isto sim, exagerar os meios de expressão, a fim de ultrapassar os efeitos conseguidos por outros, mas reconheceu logo que este não era o verdadeiro caminho a seguir.

Rienzi é, de certa forma, uma monstruosidade operística, que hoje só possui valor histórico e nunca é executada integralmente. O próprio compositor, aliás, se impressionara com o fato de que apenas os dois primeiros atos – e eram cinco! – durassem mais do que *O franco atirador,* de Weber. Mas, apesar disto, o êxito foi grandioso e surpreendente, porque o público estava impressionado pelos grandes coros e as grandes cenas no palco. Os cantores participavam do entusiasmo dos assistentes e tudo saía bem, para a perplexidade do criador de tal espetáculo.

Passava da meia-noite quando Wagner recebeu os últimos aplausos na estreia de *Rienzi*, que denomina ainda de "grande ópera trágica em cinco atos". Mais tarde, já não lhe importaria mais se suas óperas fossem para o público demasiadamente longas ou não.

As óperas mencionadas até agora não foram as primeiras compostas por Wagner. Suas composições anteriores haviam sido bastante inexpressivas, se comparadas às obras da época de Dresden e às que viriam depois, razão porque o esquecimento parece ser merecido.

Tannhäuser, que aparece a seguir, é baseada na vida do cantor que participa da "Guerra dos cantores de Wartburg", uma "ópera romântica em três atos". Esta já é uma temática muito germânica. Contudo, sua grande dedicação aos temas da mitologia nórdica foi decisiva recém a partir de *Lohengrin*, que ainda tem o mesmo título de "ópera romântica". Porém existe já uma diferença fundamental: não se trata de uma *ópera de números*, segundo a moda de então. Uma ópera assim chamada contém a separação clara entre as diversas cenas musicais, que possuem *números*, ou seja, árias, duetos, introduções ou interlúdios instrumentais etc. A grande forma wagneriana revela a separação de cenas em cada ato, mas a música segue e interliga as partes: é um todo inseparável. Para isto, usa-se em alemão o termo intraduzível de *durchkomponiert*, que significa algo como "integralmente composto" (em inglês, *through-composed*). O drama de Wagner não permitia a redução da tensão e a separação entre as partes: estava, assim, criado o drama musical romântico.

O retorno a Dresden, que fica em sua região de origem, a Saxônia, fez com que Wagner se recuperasse dos anos de privação passados em Paris: conseguiu um posto de maestro da Ópera Real, que o ajudou a sair milagrosamente de uma difícil situação. Não seria nem a primeira, nem a última vez em sua vida. Em sete anos de valioso trabalho, mergulhou ainda mais na rotina da técnica musical, o que veio em benefício da atividade como compositor.

A profissão de maestro não podia ser-lhe suficiente, apesar de já começar a surgir então o que hoje, como uma aberração de nossos tempos, conhecemos como o *divismo* na condução de um aparato orquestral. Wagner foi uma das primeiras personalidades que criou as bases para a arte apreciável da regência, da condução técnica e estilística desse organismo vivo que é uma orquestra sinfônica.

Em suas óperas, a orquestra não é mero instrumento de acompanhamento dos cantores, mas elemento indispensável e, quase poderíamos dizer, fundamental, ao redor do qual tudo se move. É evidente que Wagner não foi o primeiro a dar esse grande valor ao aparato orquestral, pois já desde os tempos de Christoph Willibald Gluck (1714-1787) existiam tais esforços dentro da ópera. Como maestro, no entanto, é o primeiro a exigir um padrão elevadíssimo da orquestra na ópera, o que determinou, por sua vez, o desenvolvimento posterior e toda uma escola de regência.

Uma das experiências mais interessantes do então regente da orquestra da Ópera Real de Dresden foi o conhecimento do maestro e compositor italiano Gasparo Spontini. Este havia tido êxito extraordinário em Paris e dirigira-se depois a Berlim. Mas sua maneira ditatorial e tirânica de reger não teve na Prússia o mesmo êxito, porque já havia passado, naquelas terras, a grande época da ópera italiana. No dia 2 de abril de 1841, durante uma apresentação de *Don Giovanni*, de Mozart, o público reagiu de tal forma negativa que Spontini foi forçado a abandonar a condução da ópera, sendo posto na rua pelos espectadores.

Sua fama, porém, era grande. Napoleão lhe havia concedido um prêmio pela exitosa ópera *La vestale*. Foi convidado então para reger pessoalmente essa ópera em Dresden, justo quando Wagner aí se encontrava. As exigências de Spontini, por carta, já assustavam Wagner ("tout garni de douze bonnes contrebasses"...), a tal ponto que a Ópera de Dresden quis fazer-lhe compreender que era modesta demais para aceitar suas exigências. Para o espanto de todos, Spontini apareceu pouco antes da estreia e assumiu o comando. Sua batuta fora confeccionada expressamente na carpintaria do teatro, conforme suas exatas indicações, com dois botões de marfim nas pontas: ele conduzia a orquestra agarrando-a no meio e não em uma ponta, como hoje. Não era uma condução de músicos por um músico líder, mas os gestos de um marechal que comandava.

Os ensaios eram, não raro, confusos; primeiro pela dificuldade do famoso maestro expressar-se em língua alemã – em que Wagner lhe serviu de intérprete – e depois pelas inovações que desejava. Por fim, Spontini acabou aceitando sugestões de Wagner como correções de sua própria composição. O maestro italiano entusiasmou-se também por um novo instrumento da orquestra, que Wagner mais tarde passaria a utilizar de forma sistemática: a tuba. Nesse momento, Spontini já estava outra vez em Paris. Ele, por sinal, terminou seus dias em sua pequena cidade natal, triste e solitário.

Em Dresden ocorreram ainda outros episódios significativos para Wagner, tanto no aspecto artístico como no humano. Não deixa de ter interesse seu encontro com o revolucionário e anarquista russo Mikhail Bakunin. Também em torno disto teceram-se verdadeiras lendas. Foi afirmado que o compositor estaria realmente interessado em servir a causas políticas e muito especialmente na forma fantasiosa e irrealista como se apresentavam as ideias de Bakunin.

Wagner foi na verdade um interessado e curioso em tudo na vida e não podia deixar de tomar posição sobre os problemas de seu tempo. Neste aspecto, basta lembrar o último dos temas com que se ocupava antes de morrer: a emancipação feminina.

Em sua autobiografia, intitulada *Minha vida* (*Mein Leben*), Wagner demonstra, mais que tudo, admiração pela insólita personalidade do russo, por seu sistema anarquista de argumentação, que não permitia nem mesmo a elaboração de uma teoria do novo mundo depois da, para ele, necessária destruição do antigo. Wagner ficava impressionado pela oposição entre tais ideias grotescas e a cultura e a amabilidade pessoal de Bakunin.

Uma das situações típicas desse encontro ocorreu quando Bakunin assistia a um ensaio da *Nona sinfonia* de Beethoven. Após ouvir com entusiasmo a obra, o russo afirmou que a sinfonia deveria ser preservada pelos músicos mesmo que arriscassem sua própria vida e que todo o resto da música se perdesse depois da hecatombe mundial que profetizava.

O entusiasmo e a força de convicção, enfim toda a personalidade singular desse anarquista, era o que fascinava em Bakunin e menos a avaliação ponderada de suas ideias. Nem merecia sua atenção o que se parecesse a democracia, república ou teorias semelhantes, tão em voga naquela época libertária. Não os tiranos seriam o perigo, segundo ele, mas os acomodados filisteus. Em relação à música, Bakunin aconselhava Wagner a compor, em todas as formas de variações possíveis, nada mais que melodias com textos como: "cortem as cabeças" para os tenores, "enforquem" para os sopranos e "fogo, fogo" para o baixo contínuo...

Talvez o que fascinasse Wagner fosse a atitude daquele anarquista, ou seja, seu desejo de destruir algo da cultura existente em função de uma nova. Não é caso tão raro que ideias tão radicais e violentas sejam defendidas em nome do mais puro ideal humanista. Ao ouvir o tema final da última sinfonia de Beethoven, Bakunin teria declarado exaltada e inocentemente: "Isto é maravilhosamento belo!"

Bakunin viria realmente a entrar em cena em Dresden como revolucionário, em 1848. Wagner esteve presente como curioso que era e não pôde deixar de tomar partido, porém sem ter conexões significativas com os líderes do movimento. Foi perseguido mais tarde, não por alguma atividade concreta nas ruas, mas pela incompatibilidade de sua atitude com a função de maestro da Ópera Real. Wagner não era contra a monarquia, por sinal. Mas declaradamente contra o capitalismo. Em seus escritos aborda temas diretamente políticos e toma posições nem sempre aceitáveis em seu teor. O mundo puramente intelectual de Wagner caracterizava-se por conflitos e contradições, fortemente marcado pelas palavras. O musical, por outro lado, pouco tinha a ver com as palavras, razão pela qual pouco escreveu sobre assuntos musicais. São ainda hoje interessantes suas dissertações, em que pese suas visões muito ligadas às correntes do seu tempo, com suas polêmicas e seus ataques, que lhe grangearam muitos inimigos.

A Suíça sempre foi um refúgio para Wagner. Residiu em Zurique, onde as relações com Mathilde Wesendonck foram inspiradoras para o grande drama musical que viria a ser a sua verdadeira revolução interna: *Tristão e Isolda*. A temática é a do raro amor profundo, mas proibido, entre dois seres, em uma atmosfera densa e lúgubre, plena de dramaticidade e sofrimento. A música drescreve exatamente isto. Portanto, quase não possui pontos de repouso e tranquilidade, mas muita aflição. A paz apenas sobrevém com a morte, que libera do sofrimento.

Já o primeiro acorde da obra é expressão de dor, inquietude e ansiedade. O que vale para a expressão vale também para a técnica, pois as harmonias não permanecem muito tempo firmes em uma só tonalidade. O começo e todo o desenrolar musical posterior são, de alguma forma, sempre ambíguos. Por isto, mais tarde, os novos compositores, teóricos em sua essência, pretenderam ver nisto o princípio da atonalidade. A música de Wagner, no entanto, jamais deixa de ser tonal, mas utiliza o que se chama de *cromatismo*, de sutilezas melódicas em sons estranhos às tonalidades e com duvidosos pontos de referência harmônicos. É, no fundo, como já havíamos indicado, o reflexo musical da temática do próprio drama.

Esta nova forma, que surge da intrínseca relação entre texto e música, não pode ser chamada simplesmente de *ópera*, se compararmos tal criação com o que se fazia em matéria de ópera naquele tempo. O drama musical romântico de Wagner é, a partir daí, um fato consumado. É um novo mundo musical, extraordinário em todos os seus efeitos. No entanto, houve, do ponto de vista musical inclusive, um recuo de Wagner diante dos perigosos pântanos harmônicos em que mergulhara com *Tristão e Isolda*.

A reação psicológica que teve depois dessa ópera é característica para a composição que se seguiu: *Os mestres cantores de Nuremberg*. Aqui encontramos um ambiente claro e nítido, com um princípio na inconfundível tonalidade de dó maior, e com melodias limpas, íntegras, delimitadas e não tendentes ao infinito. Esta obra revela uma temática imbuída de cultura histórica, de fineza, até de certo humor e de muita tradição medieval alemã.

O desenvolvimento artístico e musical de Wagner, visto à distância, foi coerente e organizado. Mas não sua vida. As dívidas contraídas pelos grandes empreendimentos e a maneira exclusivista de viver resultaram em permanente perseguição. Chegou a esconder-se, mesmo depois que seu nome se tornara conhecido em todos os centros musicais europeus. Os problemas econômicos seguiram existindo apesar do êxito artístico.

Como tudo na vida desse compositor, a salvação veio quando menos podia esperar. Era o dia 3 de maio de 1864. Wagner encontrava-se em Stuttgart. Mas deixemos que o mestre nos conte pessoalmente o que sucedeu:

"Bastante tarde, nessa noite, foi-me entregue um cartão de visita de parte de um senhor que se denominava "Secretário do Rei da Baviera". Surpreendido de maneira desagradável, porque minha estada em Stuttgart já parecia ser conhecida até por viajantes, dei ordens para que dissessem que não estava. Recolhi-me a meus aposentos, mas aqui novamente fui informado pelo hospedeiro de que este senhor de Munique tinha urgência em falar-me. Enfim, concordei em que conversássemos no dia seguinte às dez horas da manhã. Sempre preparado para inconvenientes, passei uma noite intranquila. Pela manhã, o sr. Pfistermeister, Secretário do Gabinete de sua Majestade, o Rei da Baviera, foi recebido por mim.

Expressou primeiramente sua alegria pelo fato de poder encontrar-me, finalmente, depois de procurar-me várias vezes, em vão, em Viena e inclusive em Mariafeld, no Lago de Zurique. Entregou-me um bilhete do jovem Rei da Baviera e também um retrato e um anel de presente. Com poucas linhas, que penetraram até o fundo do meu coração, o monarca confessava sua grande admiração por minha arte e seu desejo decidido de amparar-me como amigo diante dos revéses do destino. Ao mesmo tempo, comunicou-me o secretário que tinha a incumbência de encaminhar-me de imediato ao Rei, a Munique, pedindo-me permissão para telegrafar a fim de anunciar minha chegada, no dia seguinte".

Com isto desapareceram, como por milagre, os problemas materiais de Wagner, sem que deixassem de surgir outros. O Rei Luís II da Baviera, por todos os seus projetos relativos à arte e à valorização das causas artísticas, em que a música ocupava lugar preponderante, e pela consrução de seus fantásticos castelos, recebeu o título popular de "Rei dos Contos de Fada" (*Märchenkönig*).

Os turistas que hoje visitam a Alta Baviera fazem o caminho quase obrigatório até esses três castelos construidos por ele, um dos quais sobre a ilha do lago Chiemsee, uma espécie de cópia do palácio de Versalhes; outro também em zona de paisagem magnífica, próximo à cidade de Füssen, com o nome de Neuschwanstein (*nova pedra do cisne);* e, enfim, o mais privado, menor e talvez o mais encantador de todos, o de Linderhof, não muito longe do anterior. O castelo de Neuschwanstein, por sinal, foi convertido em monumento popular na Flórida, nos Estados Unidos da América, com uma cópia que é o ponto de atração de um gigantesco parque de diversões.

O rei foi alvo de infinitas críticas pelos gastos com tais emprendimentos arquitetônicos. Mas essa crítica foi sempre feita pelos que não tiveram condições de valorizar sua atitude exemplar de mecenas, em que suas ideias não eram tão utópicas como pareciam. Seu avô, por sinal, o Rei Luís I, havia transformado Munique em cidade das artes. Em 1826 declarou essa metrópole sede da Universidade do Estado. Também suas construções foram muito importantes. Em outras coisas, no entanto, não foi tão feliz. Sua ligação com a dançarina Lola Montez foi uma das causas da revolução, no princípio de 1848, tendo que abdicar em favor de seu filho Maximiliano II, que por sua parte destacou-se pelo empenho em favor das ciências. De todo esse panorama herdado provém a tradição que o rei amigo de Wagner apenas continuou.

O destino do Rei Luís II é também um capítulo do romantismo. Sombrio foi seu final e dizem alguns historiadores que foi levado à demência e suicidou-se no Lago de Starnberg, ao sul de Munique. Foi levado à morte por uma conspiração de seus inimigos políticos, que abundavam a seu redor. Só o lago conhece tal segredo, porque não existe certeza sobre a identidade do corpo que foi sepultado como sendo o do rei.

Entre os trabalhos a que Wagner pôde se dedicar a partir de então, está a conclusão do gigantesco ciclo que reune vários dramas musicais, intitulado *O anel dos Nibelungos*. São três óperas denominadas *dramas musicais*, precedidas de um "prelúdio", que é também um drama musical por si mesmo, denominado *O ouro do Reno*. Os três outros são *A valquíria*, *Siegfried* e *O crepúsculo dos deuses*. Em conjunto, duram umas quinze horas de música grandiosa e são um dos maiores monumentos de toda a arte musical.

Para compreender esse mundo fantástico da arte wagneriana, o ouvinte pode seguir por vários caminhos. Pode ouvir a música e deixar-se levar por ela como por uma correnteza. Ela age às vezes como embriaguez ou ópio e quem uma vez se encanta com ela não pode mais deixar de amá-la. Ou passa a odiá-la. O certo é que a música de Wagner não deixa o ouvinte indiferente e produz um tipo ou outro de reação. É justamente isto que acontece com os incontáveis adeptos e críticos, que seguem existindo até hoje, uns tão fanáticos quanto os outros.

O mais aconselhável para comprender Wagner é estudar-se um pouco a mitologia germânica, para entender esse mundo heroico, o que o compositor fez desde sua juventude. Por sinal, Wagner escreveu ele mesmo seus libretos. Ele era um homem de grandes qualidades literárias. Depois de concluídos e revisados os seus textos, fazia leituras intermináveis a seus amigos. Estabelecido o texto, começava a composição musical. Escrevia a música com base no texto. Este possui muitas partes de profunda sabedoria, se bem que com passagens de um infantilismo ingênuo. É o mundo do mito, em que tais aspectos costumam misturar-se.

A música da tetralogia, como é denominado o ciclo *O anel dos Nibelungos*, é o que existe de mais fantástico dentro do Romantismo. O canto nos dramas de Wagner é sentido como pesado e maciço para quem está habituado ao lirismo da ópera italiana ou à doçura das óperas francesas. Mas está impregnado de alto grau de emoção e de grandiosa imponência.

Indubitavelmente grandioso é o trabalho orquestral, que é o ponto menos criticado nas obras de Wagner, em que pese também a acusação de megalomania. No setor da orquestração, no entanto, os méritos desse compositor são absolutamente incontestáveis. Até para os olhos suas partituras são obras de arte.

Toda sua inspiração vem de elementos naturais, fantásticos até suas raízes. O eco das ondas nas rochas traz à lembrança a experiência inesquecível de sua tempestuosa viagem de navio pelo Mar do Norte, até

Londres. Os golpes rítmicos de Siegfried sobre a bigorna ao forjar sua famosa espada haviam sido realmente ouvidos um dia pelo mestre e lhe serviram de ponto de partida para sua ideia musical. As cenas de bosques na tetralogia, por exemplo, fazem-nos sentir esse ambiente sombrio entre enormes árvores que nos lembram as catedrais góticas.

Wagner descreve a fantástica inspiração que teve para a composição do início de O *ouro do Reno*, a música que simboliza as densas massas de água no fundo do rio: "Voltando a casa, deitei-me, já cansadíssimo, esperando a chegada do tão necessitado sono. Não conseguia dormir. Em vez disto, entrei em uma espécie de estado de sonambulismo, no qual tive subitamente a sensação de afundar em forte correnteza. O rumor das águas transformou-se aos poucos no som musical do acorde de mi bemol maior, que se propagava ininterruptamente em partes figuradas; havia um crescente movimento das melodias, mas nunca se modificava o acorde de mi bemol, o que, por sua persistência, parecia dar uma importância infinita ao elemento no qual eu afundava. Com a sensação de que as ondas agora se lançavam sobre mim, despertei, em súbito susto, de meu semi-sono. De imediato, reconheci que estava diante de mim a introdução orquestral de *O ouro do Reno*, da qual me havia ocupado, mas sem tê-la encontrado até então."

A música, como tudo na concepção wagneriana, pode ser analisada de maneira mais realista ou mais simbólica, conforme o caso. Antes, os gigantes que apareciam nos dramas usavam barbas; hoje, uma versão com tais características teria resultado humorístico assegurado, porque somos muito mais esquemáticos. É evidente que alguns efeitos dão margem a concepções quase cinematográficas dos dramas de Wagner, como o arco-íris de *O ouro do Reno*, a morte do dragão no *Siegfried* e o incêndio final de *O crepúsculo dos deuses*.

Mas hoje observamos no teatro uma simplificação, com a eliminação de elementos de fantasia, o que parece ainda mais ridículo, principalmente por seu caráter de vulgarização. A coerência de um espetáculo wagneriano é maior na medida em que a cena acompanha o que existe de fantástico na música. Difícil, por sinal, é manter a medida, como sempre na arte.

O deus germânico Thor, que em *O ouro do Reno* aparece como Donner, que significa *trovão*, é um dos mais importantes da mitologia nórdica. Os vikings consideravam-se o povo de Thor. Muitas localidades na Escandinávia estão relacionadas a esse deus por seu nome. O símbolo do trovão nos lembra o Júpiter dos romanos, que equivale ao Zeus dos gregos. Na ópera, ele reúne as nuvens pelo ar denso e "desagradável" para os deuses, que acabavam de concluir uma espécie de conferência de cúpula ("Desagradável é para mim a turva pressão, reunirei as nuvens de cor de chumbo para fazer uma tempestade que limpe totalmente o céu"). A música descreve esse patético movimento de nuvens e por fim Thor termina provocando um raio com violento golpe de martelo.

Por esse tipo de cenas, as críticas têm sido sagazes e implacáveis, mas chegaram também a fantasiosos exageros que hoje são também objeto de ironia. Em sua edição de 28 de abril de 1880, o jornal *Wiener Allgemeine Zeitung* publicou um artigo em que Wagner é classificado de "anticristo da arte". Ninguém menos importante que Tchaikovsky refere-se a Wagner em carta a sua protetora, a sra. von Meck, de 26 de novembro de 1877, como sendo ele um "Dom Quixote musical". Contudo, em tom digno e sério, acaba reconhecendo o extraordinário talento de Wagner. Segundo sua opinião, ele deveria ser um compositor sinfônico. Com isto, Tchaikovsky demonstra ter comprendido que o maior talento de Wagner é o orquestral.

Muito menos construtivas eram as palavras do seu contemporâneo, o *crítico* profissional Eduard Hanslick, que chegava a ser ofensivo. Para ele, *O ouro do Reno* são "três horas de uma marcha musical a passo de ganso". Referindo-se ainda à apresentação de Munique, em 1869, diz Hanslick que "não é qualquer teatro que pode manter uma custosa clínica de partos exclusiva para Richard Wagner, como faz a Ópera da Corte".

As chamadas "filhas do Reno" tiveram um tratamento ainda menos delicado por parte da crítica. Elas desempenham no conjunto dos dramas um papel de importância, em especial no início e no fim do ciclo, com seus movimentos simbólicos nas águas do fundo do rio Reno. O cantor operístico Vogl, cuja esposa fizera o papel de uma dessas "filhas do Reno", chegou a processar a redação do jornal *Vaterland* de Munique, porque classificara essa primeira cena do drama como "aquário das prostitutas".

Em outra parte, a música wagneriana é denominada de "lamento de gatos" ou, ainda, de "elevada música de gatos". A expressão relativa aos felinos ficou até hoje em alemão como uma espécie de conceito técnico de música insuportável: *Katzenmusik* significa "música de gatos".

Mas a crítica segue: um jornal de Viena refere-se a *Os mestres cantores de Nüremberg* como um "monstro musical". Outro periódico da mesma cidade concede à música de Wagner o selo de "apropriada a cavalos". Já em Karlsbad *O ouro do Reno* foi classificado de "grande produção musical de natação". Um crítico não especificado da *Revue et Gazette musicale* refere-se ao mesmo tema e proclama algo semelhante: uma "escola de canto e natação".

O grande êxito de Wagner em Paris deu margem, por outro lado, a que seus críticos considerassem a propagação de suas obras uma enfermidade, denominada "wagnerite". Por fim, sua música recebeu o qualificativo de "música do futuro", expressão depreciativa aplicada também a outros compositores. Talvez aí esteja o problema: era arte para ser comprendida com perspectiva histórica.

Ninguém hoje em dia pode desconsiderar a importância da arte wagneriana no século XIX, em que pesem os aspectos bizarros envolvidos. Existe até um pequeno dicionário que se ocupa dos termos pejorativos que a crítica usou em relação a Wagner, denominado "dicionário da descortesia".

O verdadeiro templo da criação wagneriana foi edificado com a ajuda do rei Luís II, da Baviera: a grande casa dos festivais na pequena cidade de Bayreuth, na Francônia. Ali Wagner estabeleceu as condições acústicas ideais para a representação de seus dramas musicais, e exclusivamente para eles. O plano, nesse aspecto, saiu como queria, se bem que hoje as apresentações já não sejam um modelo exclusivo de bom gosto, qualidade e arte. Mas segue sendo o centro da polêmica, porque em Bayreuth se fazem experimentos e se reunem os eternos apaixonados e os eternos críticos de Wagner. E, no meio deles, os curiosos, os esnobes e os turistas.

A acústica de Bayreuth é a mais adequada para os dramas musicais e um exemplo de uma boa solução para o sempre existente problema de equilíbrio entre cantores e orquestra. A orquestra não é visível ao público, e só o maestro está ao necessário alcance visual dos cantores. Sua sonoridade parece vir de mundos subterrâneos. Tentou-se imitar as condições dos festivais de Bayreuth em outras partes, o que não foi tão difícil, no caso de reunir-se bons cantores, cenários, músicos e maestros. Mas a importância do lugar destinado por Wagner à representação de seus dramas só existe naquela colina, em Bayreuth. É o seu templo.

A última criação dramático-musical de Wagner foi uma obra que parece reunir toda sua essência no plano das mensagens. É uma soma dos valores conquistados desde seus primeiros esforços. *Parsifal* se baseia em um tema mitológico, que já havia aparecido em *Lohengrin*, o do Gral, um objeto sagrado, uma relíquia religiosa com força mágica aos cuidados de uma ordem de iniciados. Há uma combinação de fontes históricas do material conhecido a partir do ano 1180 e que serviu de base para o texto dessa ópera, redigido, como sempre, pelo próprio compositor.

Aliás, o texto revela vários aspectos muito singulares do mestre, já então em idade avançada, nos quais sua visão do mundo se revela fortemente marcada pela transcendência, em uma atmosfera sacral e misteriosa. Há pensamentos de sabedoria tanto no texto como na música. Quando Parsifal diz "Quase não andei, mas parece-me já estar longe" – e o cavaleiro do Gral, Gurnemanz, responde: "Tu vês, meu filho, aqui o tempo se converte em espaço" – temos a impressão de estar ouvindo algo da teoria da relatividade de Einstein. Mas são ideias do filósofo Schopenhauer.

Apesar da extensão da obra, não há em *Parsifal* a intensidade sonora pesada que domina *O anel do Nibelungo*, mas um ambiente de resignação e elevação espiritual, que só o predomínio dos instrumentos de corda pode transmitir. Efetivamente, as cordas têm um papel preponderante em relação aos sopros. As harmonias, por outro lado, parecem às vezes já anunciar o suave ambiente do impressionismo de um Debussy, no fim do século. Entre tantos momentos musicais belos, encontramos uma parte incomparável no segundo ato: a cena das "meninas das flores". Tanto o canto como a orquestra descrevem um mundo maravilhoso, mas de pura ilusão e engano, que é o castelo mágico de Klingsor.

Em 1857 Wagner foi pela primeira vez a Veneza. Buscava apenas "calma e tranquilidade", como já havia escrito uma vez, a fim de concluir a composição de *Tristão e Isolda*. Era o ambiente melancólico do início do outono. Em sua autobriografia, em que não passa do ano 1864, quando recebe a visita do secretário do rei da Baviera, escreve sobre essa primeira estadia na cidade dos 150 canais e das 400 pontes, às margens do Adriático. Refere-se ao aspecto das gôndulas, que o impressionavam com certo terror: "Não podia imaginar tudo o que havia ouvido falar desses veículos pintados de preto sobre preto. Por isto, surpreendeu-me desagradavelmente a visão real das gôndulas... Eu julgava ter que participar de um cortejo fúnebre dos tempos da peste..."

Em setembro de 1882 voltou a Veneza. Dali escreve ao rei Luis II da Baviera sobre sua intenção de apresentar pouco a pouco todas as suas obras nos festivais de Bayreuth, mas de tal forma que ficassem como exemplo de perfeição para a posteridade. Franz Liszt o visita. Na véspera do Natal, Wagner rege, no Teatro *La Fenice*, sua *Sinfonia em dó maior*, uma obra da juventude. Em 4 de fevereiro assiste ao carnaval em companhia de seis filhos. No dia 13 de fevereiro, advertido já anteriormente de parte médica por seu coração, anota: "Hoje tenho que me cuidar". Trabalha em escritos. Não almoça por não sentir-se bem. Cosima Wagner, sua segunda esposa e filha de Liszt, encontra-o apoiado sobre a mesa de trabalho. Richard Wagner estava morto. Seu corpo foi transladado para Munique e depois para Bayreuth.